MAGASIN THÉATRAL.

PIECES NOUVELLES

JOUÉES SUR TOUS LES THÉATRES DE PARIS.

THÉATRE DES VARIÉTÉS.
LA COURSE AU PLAISIR,

Revue de 1851, en 2 actes et 3 tableaux, par MM. Michel Delaporte, Th. Muret et Gaston de Montheau.

PARIS.
LIBRAIRIE THÉATRALE, BOULEVARD SAINT-MARTIN, 12.

Ancienne Maison MARCHANT

1851

MAGASIN THÉATRAL.

CHEFS-D'ŒUVRE DU THÉATRE FRANÇAIS, A 40 CENTIMES.

Athalie, tragédie en 5 actes.
Andromaque, tragédie en 5 actes.
Avare (l'), comédie en 5 actes, de Molière.
Barbier de Séville (le), c. 4 a.
Britannicus, trag. en 5 actes.
Cinna, tragédie en 5 actes.

Cid (le), tragédie en 5 actes.
Dépit amoureux (le), c. 2 actes.
École des Femmes (l'), c. 5 actes, de Molière.
Folies amoureuses (les), c. 3 ac.
Hamlet, tragédie en 5 actes.
Horaces (les), tragédie, 5 actes.

Iphigénie en Aulide, trag. 5 act.
Mahomet, tragédie en 5 actes.
Mort de César (la), trag. 5 act.
Misanthrope (le), com. en 5 act.
Mariage de Figaro, com. 5 actes.
Mère coupable (la), c. 3 actes.
Mérope, tragédie en 5 actes.

Métromanie (la), com. en 5 act.
Malade imaginaire (le), c. 3 act.
Othello, tragédie en 5 actes.
Phèdre, tragédie en 5 actes.
Polyeucte, tragédie en 5 actes.
Tartufe (le), com. en 5 actes.
Zaïre, tragédie en 5 actes.

MONOLOGUES A 25 CENTIMES.

Camille Desmoulins, monol. dr.
Chatterton mourant, monologue.
Dre nuitd'André Chénier (la).
Jeanne d'Arc en prison, mono.
Lanterne de Diogène (la), mono.
Mort de Gilbert (la), mono.
Vie de Napoléon (la), récit, 1 a.
Vision du Tasse (une), mon. 1 a.

PIECES A 50 CENTIMES.

Alchimiste (l'), d. 5 a A. Dumas.
Ami Grandet (l'), c.-v. 3 a.
Amours de Psyché (les), p.f. 3 a.
Amours d'une Rose, (les) v. 3 a.
Ango, drame en 5 actes.
Apprenti (l'), v. en 1 a.
Atar-Gull, drame en 5 actes.
Auberge de la Madone (l') d. 5 a.
Aumônier du régiment (l'), 1 a.
Aven.re de Télémaque (les), v. 3 a.
Aveugle et son bâton (l'), v. 1 a.
Avoués en vacances (les), 2 a.
Badigeon 1er, vau. en 2 actes.
Belle Limonadière (la), c.-v. 3 a.
Blanche et Blanchette, d.-v. 5 a.
Bonaparte, drame milit. en 5 a.
Bergère d'Ivry (la), d.-vau. 5 a.
Berline de l'Émigré (la), d. 5 a.
Brigands de la Loire (les), d. 5 a.
Biche au Bois (la), féerie, 18 tab.
Brelan de Troupiers (le), v. 1 a.
Boquillon, dr. 3 actes.
Benoît ou les deux cousins.
Bianca Cantarini, drame 5 actes.
Cabaret de Lustucru (le), v. 1 a.
Cachemire Vert (le), 1 a. A.Dumas
Cas de Conscience (un), c. 3 a.
Cheval de Bronze (le), op. c. 5 a.
Cheval du Diable (le), dra. 5 a.
Châle Bleu (le), com. 2 actes.
Charlot, comédie en 3 actes.
Claude Stock, dra. en 4 actes.
Chauffeurs (les), drame en 5 a.
Château de Verneuil (le), 5 a.
Château de St-Germain (le), 5 a.
Chef-d'œuvre inconnu (le), 1 a.
Chiens du mont St-Bernard (les) drame en 5 actes.
Cromwell et Charles Ier, 5 a.
Caligula, tra. 5 a. A. Dumas.
Calomnie (la), com. 5 actes.
Chambre ardente (la), dra. en 5 a.
Christine à Fontainebleau, dra.
Canal St-Martin (le), dra. en 5 a.
Chevaux du Carrousel (les), 5 a.
Chevalier de St-Georges (le), 3 a.
Chevalier du Guet (le), c. 3 a.
Christophe le Suédois, d. 5 a.
Colombe et Perdreau, idy. 3 a.
Commis et la Grisette (le), vaud. en 1 acte.
Compagnons (les), ou la Mansarde de la Cité, drame en 5 actes.
Chevalier d'Harmental (le), dra. 5 a. Alex. Dumas et Mequet.
Conscrit de l'an VIII (le), c. 2 a.
Connétable de Bourbon (le), d. 5 a.
Comte Hermann (le), dra. 5 a. Alex. Dumas.
Chercheurs d'Or (les), dra. 5 a.
Camille Desmoulins, dra. 5 a.
Chevaliers du Lansquenet (les), drame en 5 actes.

Cravatte et Jabot, com.-vau. 1 a.
Croix de Malte (la), drame 3 a.
Chute des feuilles (la), pro. 1 a.
Chasseau chastre, A. Dumas.
Comte de Mansfield, dr. 4 actes.
Chevau-légers de la reine, 3 a.
Corde de pendu.
Deux Anges, c.-v. 3 actes.
Deux Amoureux de la grand'-mère (les), 1 acte.
Discrétion (une), com. 1 a.
Deux Serruriers (les), d. 5 a.
Demoiselles de Saint-Cyr (les), drame 5 actes, A. Dumas.
Deux Divorces (les), v. 1 a.
Demoiselle majeure (la), v. 1 a.
Domestique pour tout faire.
Dot de Suzette (la), d. 5 a.
Doigt de Dieu (le), dra. 1 a.
Don Juan de Marana. A. Dumas.
Diane de Chivry, drame, 5 a.
Duchesse de la Vaubalière (la).
Élève de Saint-Cyr (l'), d. 5 a.
En pénitence.
Éclat de rire (l'), dra. 5 a.
École Buissonnière (l'), c.-v.
École du monde, 5 actes.
Éléphants de la Pagode (les).
Emma, comédie en 3 actes.
Empire (l'), 3 actes et 18 tabl.
Enfants d'Édouard (les), 5 a.
Enfants de Troupe (les), v. 2 a.
Enfants du Délire (les), v. 1 a.
Estelle, com. par Scribe, 1 acte.
Etre aimé ou mourir, com. 1 a.
Eulalie Granger, drame 5 actes.
En Sibérie, drame en 3 actes.
Entre l'enclume et le marteau.
Étoiles (les), vaudeville 5 actes.
Expiation (une), drame 4 actes.
Faction de M. le Curé (la), v. 1 a.
Famille du Mari (la), com. 5 a.
Frères corses (les), dra. 3 actes.
Famille Moronval (la), dra. 5 a.
Famil e du Fumiste (la), v. 2 a.
Fargeau le Nourrisseur, v. 2 a.
Fille à Nicolas (la), c.-v. 3 a.
Fille de l'Avare (la), c.-v. 2 a.
Fille de l'Air (la), féerie en 3 a.
Filets de Saint-Cloud (les), 2 a.
François Jaffier, dr. en 5 actes.
Frétillon, com.-vaud. en 3 actes.
Fiole de Cagliostro (la), v. 1 a.
Folle de Waterloo (la), d.-v. 2 a.
Forte-Spada, drame en 5 actes.
Fabio le Novice, dr. en 5 actes.
Fils de la Folle (le), dr. en 5 a. par F. Soulié.
Fils d'une grande Dame (le), 2 a.
Fille du Régent (la), A. Dumas.
Ferme de Montmirail (la).
Grande Histoire (une), c. en 5 a.
Garçon de recette (le), d. en 5 a.

Gars (le), drame en 5 actes.
Gaspard Hauser, dr. en 5 actes.
Grand'Mère (la), 3 actes, Scribe.
Geneviève de Brabant, mélod.
Gazette des Tribunaux (la), v. 1 a.
Guerre de l'indépendance (la).
Guerre des Femmes.
Halifax, com. par Alex. Dumas.
Henri le Lion, drame en 6 act.
Homme du Monde (l').
Honneur dans le crime (l'), 5 a.
Honneur de ma mère (l'), 5 a.
Indiana et Charlemagne, 1 acte.
Indiana, drame en 5 actes.
Ile d'amour (l'), c.-v. 3 actes.
Il faut que jeunesse se passe.
Impressions de voyage (les).
Japhet à la recherche d'un père.
Jacques le Corsaire, dr. 5 actes.
Jacques Cœur, drame en 5 actes.
Jarvis l'honnête homme, d. 5 a.
Jeanne de Flandre, d. en 5 a.
Jeanne de Naples, dra.
Jeanne Hachette, dr. en 5 actes.
Je serai comédien, com. 1 act.
Juive de Constantine (la), 5 a.
Jarnic le Breton, drame 5 actes.
Juillet, drame 3 actes.
Lestocq, op. com. 3 a.
Lectrice (la), c.-v. en 2 actes.
Léon, drame en 5 actes.
Lucio, drame en 5 actes.
Louisette, c.-v. en 5 actes.
Louise Bernard, Alex. Dumas.
Laird de Dumbiky (le), A. Dum.
Lorenzino, par Alex. Dumas.
Lescombat (la), d. en 5 actes.
Lucrèce, com.-vaudeville.
Le Lansquenet, vaudeville 2 a.
Madame Panache, c.-v. 2 actes.
Margot, vaudeville, 1 acte.
Mineurs de Trogoff (les), d. 3 a.
Mont-Dailly, drame, 4 actes.
Marco, comédie en 2 actes.
Misère (la), dr., 5 actes.
Maurice et Madeleine, 3 actes.
Marino Faliero, tragédie, 5 a.
Marie, comédie, 5 actes.
Mafi de la veuve (le), A. Dumas.
Marguerite d'York, dr. 5 actes.
Marguerite de Quélus, idem.
Marguerite, vaudeville, 3 actes.
Mathias l'invalide, c.-v. 2 actes.
Madame et Monsieur Pinchon.
Marcel, drame en 5 actes.
Monk, drame en 5 actes.
Maîtresse de langues (la), v. 1 a.
Marquise de Senneterre (la).
Mathilde ou la Jalousie, 2 actes.
Monsieur et Madame Galochard.
Murat, drame, 5 actes et 16 tab.
Mari de la dame de chœurs (le).
Marquise de Prétintailles (la).

Madeleine, drame en 5 actes.
Manoir de Montlouviers (le), 5 a.
Main droite et main gauche (la).
Mademoiselle de la Faille, c. 5 a.
Marché de Saint-Pierre (le), 5 a.
Marguerite Fortier, idem.
Maître d'école (le), c.-v. 2 actes.
Mémoires du diable (les), 5 a.
Mille et une nuits (les), 3 a. 16 t.
Moulin des tilleuls (le), 1 acte.
Ma maîtresse et ma femme, 2 a.
Mon parrain de Pontoise, 1 ac.
Mère de la débutante (la), 3 ac.
Mme Camus et sa demoiselle.
Marcelin, drame 5 actes.
Meunière de Marly (la), 1 acte.
Monsieur Lafleur.
Naufrage de la Méduse (le), 5 a.
Napoléon Bonaparte, A. Dum.
Nonne sanglante (la), dr. 5 actes.
Nouveau Juif-Errant (le), 3 actes.
Officier bleu (l'), dr. 5 actes.
Orphelins d'Anvers (les), idem.
Orangerie de Versailles (l'), 3 a.
Ouvrier (l'), 5 actes, F. Soulié.
Parisienne (une), c.-v. 2 actes.
Philippe III, tragédie 3 actes.
Paris au bal, vaudeville 3 actes.
Paris dans la comète, 3 actes.
Peste noire (la), drame 5 actes.
Paysan des Alpes (le), dr. 5 actes.
Paul Jones, 5 actes, Alex. Dum.
Pauvre mère, dr. 5 actes.
Père Turlututu (le).
1res armes de Richelieu (les), 3 a.
Proscrit (le), 5 a. Fréd. Soulié.
Pauvre fille, idem.
Pascal et Chambord, 2 actes.
Paméla Giraud, 5 actes, Balzac.
Paul et Virginie, 5 actes.
Paris la nuit, idem.
Paris le bohémien, idem.
Plaine de Grenelle (la), 5 actes.
Pensionnaire mariée (la), v. 1 a.
Perruquier de l'empereur (le).
Pierre Lerouge, c.-v. 2 actes.
Pilules du diable (les), f. 18 tab.
Petites misères de la vie humaine.
Petit Tondu (le), 3 a. et 10 tab.
Pruneau de Tours, vaud. 1 acte.
Pauline, drame en 5 actes.
Pied de mouton (le), féerie.
Prince Eugène et l'Impératrice Joséphine (le), dr. 10 tab.
Prussiens en Lorraine (les), 5 a.
Pauline, châtiment d'une mère.
Paris à cheval, c.-v. 3 actes.
Père Tranquefort, vaud. 2 actes.
86 moins 1.
Quatre coins de Paris (les), 5 a.
Qui se ressemble se gêne, v. 1 a.
Quand l'amour s'en va, v. 1 a.
Renaudin de Caen, com. 2 actes.

LA COURSE AU PLAISIR

REVUE DE 1851, EN DEUX ACTES ET TROIS TABLEAUX,

PAR

MM. MICHEL DELAPORTE, TH. MURET ET GASTON DE MONTHEAU,

REPRÉSENTÉE POUR LA PREMIÈRE FOIS, A PARIS, SUR LE THÉATRE DES VARIÉTÉS,
LE 11 DÉCEMBRE 1851.

PERSONNAGES.	ACTEURS.	PERSONNAGES.	ACTEURS.
HILARION, entrepreneur général des plaisirs	MM. Mutée.	LE PLAISIR	Mlles Alice Ozy.
CABASSOL	Henry Alix.	LA TOMBOLA	Page.
UN PILIER-DES-HALLES	Danterny.	LA RUE DE RIVOLI	Boisgontier.
JOSEPH de l'Opéra Comique, TOQUÉ, industriel	} Ch. Pérey.	L'ÉLECTRICITÉ	Virginie-Duclay.
MERCADET	Moreau Sainti.	LA FRÉGATE-ECOLE	Constance.
UN CHINOIS	} Lassagne.	LA SEINE, L'AMERIQUE	} Esther.
LORD CRACKSON		UNE CHINOISE, L'ASIE	} Potel.
LA MÈRE BRISEMICHE			
UN CHINOIS	} Kopp.	UNE ESPAGNOLE, LA TULIPE	} Céleste.
LE CAFÉ-CONCERT		LA PENSEE	E. Chevalier.
L'HOTEL DE VILLE	Jeault.	LA ROSE	Cénau.
UN PAILLASSE	Delière.	MANON	Héléna.
UN GROS MONSIEUR, UN CRIEUR	} Chabier.	FANCHETTE, L'AFRIQUE	} Joly.
LE TRAVAIL	Duvernoy.	L'EUROPE	Lorry.
UN RÉGISSEUR	Rhéal.	L'INDUSTRIE	Bertin.

PERSONNAGES MUETS.

Un Arabe, un petit Laquais, un jeune Homme, milady Crackson, Souscripteurs, Dames de la Halle, Locataires des deux sexes, Esclaves Chinois, Hommes et Femmes du peuple, Saltimbanques, Industriels, 2 domestiques de lord Crackson, 4 suivantes de l'Industrie.

ACTE PREMIER.

Premier Tableau.

Une salle n'occupant que les deux premiers plans de la scène. Au mur du fond, de chaque côté de la porte d'entrée, on lit en gros caractères : 30 JOURS DE PLAISIR POUR 15 FRANCS. A gauche, un bureau avec cartonnier, devant lequel est un fauteuil en maroquin.

SCÈNE PREMIÈRE.

HILARION, CABASSOL, plusieurs autres Souscripteurs.

(Au lever du rideau, les Souscripteurs entourent Hilarion en donnant des marques d'impatience.)

CHOEUR.*
Air : Trou la, la.
Du plaisir ! (bis.)

* Hilarion, Cabassol.

Oui, c'est trop nous endormir ;
Du plaisir ! (bis.)
Il nous en faut à loisir !

HILARION.
A-t-on jamais vu des gens
Être à ce point exigeants ?

CABASSOL.
Crains mon furieux transport !
Ou du plaisir ou la mort !

REPRISE DU CHOEUR.
Du plaisir ! (bis.)
Tu nous as fait trop languir ;
Du plaisir ! (bis.)
Il nous en faut à choisir !

HILARION. Ah çà, vous me demandez du plaisir... comme on demande la bourse ou la vie ?

CABASSOL. Nous en avons le droit, monsieur

Hilarion ; moi surtout qui, sur la foi de vos artificieuses annonces, suis venu tout exprès de Saint-Jean-Pied de-Port (Basses-Pyrénées)... huit cent cinquante kilomètres de Paris! (*Montrant ce qui est écrit au fond.*) *Trente jours de plaisir : 1000 francs de plaisir pour 15 francs !* Ces mots chatoyants m'avaient séduit, fasciné... il n'y avait pas jusqu'à ce nom jovial d'Hilarion... je me disais : mille francs pour quinze francs, je serai toujours en bénéfice.

TOUS. Ah bien oui !

CABASSOL.

AIR : *vaudeville des Scythes et des Amazones.*
Il faut compter, rien qu'en frais de voyage,
Retour compris, pas loin de cent écus,..
Pour mon séjour, autant ou davantage...
Car j'ai déjà vingt-neuf francs d'omnibus,
Puis les wagons dont nous faisons abus.
Dieu! quel impôt prélevé sur ma bourse!
Dans mes calculs serai-je assez trompé ?
J'ai poursuivi le plaisir à la course,
Et c'est moi seul, moi qui suis attrapé.

TOUS.
Quand je poursuis le plaisir à la course,
C'est moi, moi seul, moi qui suis attrapé!
Oui, c'est moi, moi qui suis attrapé! (*bis*.)

HILARION. Ingrats ! trois fois ingrats ! mais je vous en ai inondés, saturés !.. Récapitulons !.. Je vous ai fait voir *les tours de Notre-Dame*, *les Champs-Elysées*, *le puits de Grenelle*, *l'Observatoire*, *l'Arc-de-Triomphe*, *la barrière du Trône*... que sais-je ?

AIR *du Premier Prix.*
Vous avez vu la Madeleine,
Vous avez vu les abattoirs,
De Saint-Denis la belle plaine,
Le mac-adam et les trottoirs,
Le jardin des Plantes, la Banque,
Montmartre... enfin, sans gasconner,
Vous avez pu voir si je manque
De vous envoyer promener.

CABASSOL. Merci! assez comme ça de promenades! et les ravissantes surprises, les fêtes délirantes et variées, que vous deviez nous prodiguer, dites, où sont-elles ?

TOUS, *l'entourant.* Oui, où sont-elles ?

HILARION. Pour cela, vous n'avez pas à vous plaindre... hier dimanche, fête au parc d'Asnières... jeudi prochain, si vous êtes bien sages...

TOUS, *se rapprochant.* Ah !

HILARION. Autre fête à la Folie-Asnières !

CABASSOL. Asnières ! Asnières ! c'est toujours la même chose pour changer.

AIR : *La première viendra.* (Quenouilles de verre.)
Vous avez conduit tous vos souscripteurs
D'abord à la Folie-Asnières;

Puis vous les avez mêlés aux danseurs
Qui vont au grand parc d'Asnières.
Le lendemain,
R'prenant le train
D'Asnières,
Vous les avez
Encor gavés
D'Asnières...
Enfin, hier soir,
Nous n'avons pu voir
Qu'Asnières et que de re-Asnières

TOUS, *criant.* A bas Asnières ! à bas Asnières ! autre chose !

HILARION. Messieurs !

TOUS, *sur la cadence connue des lampions.*
Plus d'Asnières ! (*ter.*)

CABASSOL. Mais des spectacles ! moi qui en suis amateur forcené !...

HILARION. Est-ce ma faute, si tous les directeurs se sont ligués contre moi ? s'ils ont refusé de m'ouvrir leurs salles ?

CABASSOL. Nous n'entrons pas là-dedans.

HILARION. Vous n'y entrez pas... (*A part.*) Je le sais bien.

CHOEUR, *menaçant Hilarion.*

AIR : *Ah! les malheureux!* (Raisin malade.)
Ah ! c'est révoltant !
Pour des nigauds il nous prend !
Ah ! c'est révoltant !
C'est un outrage flagrant !

HILARION. A quel saint me vouer ?

VOIX DE FEMME, *au dehors.* Voilà le plaisir, mesdames ! voilà le plaisir !

HILARION, *à part.* Une marchande de plaisirs... c'est une idée! (*Il va à la porte et appelle.*) Par ici, la marchande, par ici !..

SCÈNE II.

LES MÊMES, UNE VIEILLE MARCHANDE DE PLAISIRS.

LA MARCHANDE, *entrant, un panier au bras.*

AIR : *Je suis la Bohémienne* (de Grisar).
Oui, je suis la marchande ;
Messieurs, en voulez-vous ?
Qui de vous en demande ?
Parlez, j'en ai pour tous !
Mon prix est très-modique ;
Donnez-moi votr' pratique...
Messieurs, fait' s-vous servir !..
Mesdam's, voilà l' plaisir !...

HILARION. Vous arrivez on ne peut plus à propos, brave femme... (*Lui donnant une pièce de cent sous.*) Tenez, j'achète tout votre panier ! (*Il prend le panier.*)

LA MARCHANDE. Merci, mon bon monsieur, merci ! (*Elle se retire au fond.*)

HILARION. Farouches souscripteurs, je

* Cabassol, la Marchande, Hilarion.

vous ai promis des plaisirs ; je vous défie maintenant de dire que je ne vous en ai pas donné !.. *(Leur présentant le panier.)* Prenez et croquez !

TOUS. Dérision ! dérision !

CABASSOL, *faisant un tampon avec son mouchoir.* Mes amis, faites comme moi et vengeance !

TOUS, *l'imitant.*

AIR : *C'est tout chaud.*

Oui, frappons,
Oui, tapons,
A coups de tampons,
Ce hâbleur,
Ce craqueur,
Qui fait le farceur !...
Ah ! par lui c'est trop fort d'être ainsi bernés
Et menés
Par le nez !

HILARION.

Voyons, soyez francs,
Pour vos quinze francs
Que pouviez-vous prétendre ?

CABASSOL.

Tapons en vrais sourds,
Ce sera toujours
Un passe-temps à prendre !

REPRISE DU CHOEUR.

Oui, frappons, etc.

(Hilarion se sauve, poursuivi par tous les Souscripteurs, sauf Cabassol, qui revient en scène.)

SCÈNE III.

CABASSOL, LA MARCHANDE DE PLAISIRS.

** CABASSOL, *remettant son mouchoir dans sa poche.* J'en ai donc eu un instant d'agrément !... c'est le premier qu'il me procure... et celui-là n'était pas sur son prospectus.

LA MARCHANDE. Il a promis ce qu'il ne saurait donner ; c'est un faux marchand de plaisirs, au lieu que moi...

CABASSOL. Vous ?...

LA MARCHANDE. Je suis Plaisir lui-même !
(Musique à l'orchestre ; transformation ; la Marchande se métamorphose en un génie revêtu d'un brillant costume fantastique.)

CABASSOL. Se peut-il !

LE PLAISIR.

AIR : *Paris est un séjour* (Raisin malade).

Oui, je suis le Plaisir,
Ce petit dieu frivole,
Qui glisse et qui s'envole
Aussitôt qu'on croit le saisir.
Nuit et jour,

* Cabassol, Hilarion, la Marchande.
** Cabassol, la Marchande.

A son tour,
Chacun vient à ma cour ;
Mais, léger, inconstant,
Je suis souvent
Absent !

CABASSOL.

Dieu charmant, dont mon cœur encensé
L'aimable et magique influence,
Oh ! reste près de moi...
Car, soumis à ta loi,
Je veux vivre pour toi !

LE PLAISIR.

Ami, de te suivre sans cesse
Je ne puis faire la promesse ;
Mais aujourd'hui je t'appartiens.

CABASSOL.

O plaisir ! (*bis*) enfin je te tiens !

LE PLAISIR. *(Parlé sur la musique qui continue.)* Je ne te promets pas de te divertir quand même... il faut que tu prennes la peine de choisir, c'est bien le moins !.. et, pour cela, Paris va faire, devant toi, une exhibition de tout ce qu'il a produit, dans ces derniers temps ; bon ou mauvais, gracieux ou bizarre, spirituel ou le contraire... tu verras un peu de tout !.. cela te convient-il ?

CABASSOL. Accepté à l'unanimité !

REPRISE ENSEMBLE.

LE PLAISIR.

Oui, je suis le Plaisir ;
Mais, quoique bien frivole,
Je t'ai donné parole
Et j'exaucerai ton désir.
Je veux bien, en ce jour,
T'accueillir à ma cour.
Avec moi, tu pourras
Mieux employer tes pas !

CABASSOL.

Viens, aimable Plaisir,
Viens, petit dieu frivole ;
Tu m'as donné parole
Et je puis enfin te saisir !...
Désormais de ta cour
Je ferai mon séjour ;
Plaisir, tu me verras
Partout suivre tes pas.

(Le Plaisir montre le chemin à Cabassol, qui le suit. — Changement à vue.)

Deuxième Tableau.

L'emplacement des nouvelles halles, vis-à-vis l'église Saint-Eustache, dont on peut voir une échappée au premier plan de droite. A droite, au troisième plan, faisant face au public, le local provisoire destiné à la vente de la viande à la criée. — Au troisième plan à gauche, face au public, la balustrade en planches qui protège les premiers travaux de construction ; au milieu de cette balustrade, qui est ornée de bouquets et de guirlandes fleuries, une haute et large porte en bois, laissant apercevoir la première pierre des halles futures; près de cette pierre, une auge remplie de plâtre et une truelle; dans l'intérieur de la balustrade, quatre grands mâts, à l'extrémité desquels flottent des oriflammes ayant chacun l'une des inscriptions suivantes : 1136. *Construction des halles sous Louis le Gros;* 1183. *Embellissement des halles sous Philippe-Auguste;* 1560. *Achèvement des halles sous Henri II;* 1851. *Nouvelles halles sous la République.* — Au fond, des baraques de marchands de la halle; ces baraques sont toutes ornées de bouquets; des drapeaux flottent aux fenêtres des maisons qui entourent la place; çà et là quelques débris de démolitions. Partout un air de fête.

SCÈNE PREMIÈRE.

JEANNETTE, MANON, *et autres femmes de la halle, Gens du peuple, Promeneurs.*

(Au changement à vue, tous sont groupés autour de la première pierre des halles nouvelles et agitent, qui leur mouchoir, qui leur chapeau, comme pour saluer un cortège qui s'éloigne par la droite. Les femmes de la halle se font remarquer par leur toilette endimanchée, et ont toutes de gros bouquets au côté. — Aux fenêtres les drapeaux flottent; beaucoup d'animation et de gaieté.)

CHOEUR GÉNÉRAL.
Air *de Doche.*

Célébrons, amis,
De Paris
Les halles nouvelles!
Les autres, c'est sûr,
Étaient d'un âge plus que mûr.
On va, dès demain,
Sur ce grand terrain,
En faire de plus belles;
Les halles nouvelles,
Superbe coup d'œil,
Vont faire notre orgueil!

JEANNETTE.
Eh bien! Manon, dis-moi,
Te trouv's-tu satisfaite?

MANON.
Vrai! Jeannette, sur ma foi,
Nous pouvons fair' notr' tête!...

JEANNETTE, *à toutes les commères.*
A c'te fête,
Oui da,
Mesdam's, lorsque je pense,
Je trouve qu'en conscience
Paris nous d'vait bien ça.

MANON, *sur la musique qui continue.*
Elle a raison... Depuis le temps que nous le nourrissons, ce grand gourmand de Paris, c'est bien le moins qu'il se décide à faire quelque chose pour nous.

Manon, Jeannette.

JEANNETTE. C'est vrai... Si nous lui faisions défaut, rien qu'un matin, je voudrais bien voir sa mine!

MANON. On dit que nous aurons des boutiques en bois d'*acajou.*

JEANNETTE. Avec des rideaux en *soye!*

MANON. Bah!

JEANNETTE. Plus que ça de genre!

MANON. Vive Paris!

TOUTES. Vive Paris!

REPRISE GÉNÉRALE.
Célébrons, amis, etc.

(A la fin du chœur, les Promeneurs, les Gens du peuple, etc., se dispersent. — Arrive Cabassol, accompagné du Plaisir, par le fond.)

SCÈNE II.

LES MÊMES, CABASSOL, LE PLAISIR.

CABASSOL, *voulant embrasser Jeannette.* * Permettez, franche marchande...

JEANNETTE. Tiens, ce monsieur! (*Elle lui applique un soufflet.*) Attrape!

CABASSOL. Oh! là! là! (*Il veut prendre la taille à Manon **.*) Appétissante beauté, serez-vous moins farouche?...

MANON. Voyez-vous ça!... (*Lui donnant aussi un soufflet.*) Servie, la pratique!

CABASSOL, *se frottant les joues.* Il en pleut ici!

JEANNETTE. Vois-tu, mon gros lapin, quand tu voudras de la giroflée à cinq feuilles, pas chère, tu n'auras qu'à venir à la Halle!

LE PLAISIR, *riant.* Ce pauvre Cabassol!

CABASSOL. C'est votre faute aussi; je n'ai fait qu'obéir à votre inspiration.

AIR : *Mon père était pot.*
Guidé par le dieu du plaisir,
Je ne pus me défendre
Chez ces dames d'aller cueillir
Quelque baiser bien tendre!
Loin de me calmer
Et de réprimer
Les élans de mon âme,
Comme leurs attraits,
Ici leurs soufflets
Ont activé ma flamme!

TOUTES, *riant.* Ah! ah! ah!

LE PLAISIR. Le mot est joli!

CABASSOL. C'est comme ça que nous en faisons à Saint-Jean-Pied-de-Port. (*Entrée du Pilier-des-halles avec l'allure d'un fort, et ayant une façon de pilier en guise de coiffure : il arrive par la droite.*)

* Manon, le Plaisir, Cabassol, Jeannette.
** Manon, Cabassol, le Plaisir, Jeannette.

SCENE III.

Les Mêmes, LE PILIER DES HALLES.

LE PILIER.

Air : *Ah! ah! ah! ah!* (Fille de l'Air dans son Ménage.)

Ah! ah! ah! ah! ah! ah! ah! ah!
 Quel chagrin j'ai là !
 Ma destinée
 Est terminée !
Ah! ah! ah! ah! ah! ah! ah! ah!
 Quel chagrin j'ai là !
 Toujours mon cœur en gémira !

CABASSOL. Quel est donc ce particulier qui tourne ainsi à la borne-fontaine ?
JEANNETTE. Le plus ancien de nos amis.
LE PILIER. Un pilier des vieilles halles... qu'on veut démolir... et quel pilier !

Air nouveau de M. J. Narjeot.

Je n'ai pas mérité
Pareille cruauté,
Et la postérité
Vengera cette indignité !

De mon vieux mur variant la nuance,
 On me grattait,
 On me badigeonnait,
Et, sans lasser encor ma patience,
Maint brocanteur de longs clous me criblait !
 Que de fous, ou de sots
 Venaient, à tout propos,
 Charbonner sur mon dos
Des noms propres ou... des gros mots !
J'ai su cacher les amoureux mystères
Dont quelquefois, la nuit, je fus témoin...
Je n'ai jamais, comme les réverbères,
Par un éclat trahi les gens de loin !
 Sous mon épais contour,
 Atténuant le jour,
 Les drapiers d'alentour
 Aux clients faisaient voir le tour.
Des afficheurs, m'imposant leur pratique,
Me choisissaient pour tromper les jobards;
Combien de fois, grâce à la politique,
J'ai digéré les plus affreux canards !
 Quand de chez Paul-Niquet
 Un ivrogne sortait,
 Son pas, qui chancelait,
 (Trébuchant sur Cabassol.)
 En passant sur moi s'appuyait.
J'ai soutenu la maison où Molière
A vu le jour, pour l'honneur du pays.
Démolisseurs, oh! vous aurez beau faire,
Vous ne pourrez démolir ses écrits !
 S'il vivait aujourd'hui,
 Auteurs de mon ennui,
 Invoquant son appui,
 Vous auriez tous affaire à lui.

* Manon, Cabassol, le Pilier, le Plaisir, Jeannette.

CHŒUR.

S'il vivait aujourd'hui,
Auteurs de son ennui, etc.

MANON. Ce pauvre Pilier...... il me fait de la peine.
CABASSOL, *au Pilier*. Allons, allons, mon brave, il faut céder aux nécessités de l'époque... et de l'alignement.
LE PLAISIR, *au Pilier*. Je m'intéresse à ton sort... en mémoire de Molière, qui a tout fait pour le plaisir... dans les travaux qui se préparent, tu trouveras encore ton emploi... tu auras ta métempsycose.
LE PILIER. Allons, vous m'avez un peu consolé.
MANON, *à ses commères*. Nous autres, il nous reste à faire une chose; c'est d'aller embrasser toutes les autorités, pour terminer la fête... On dit qu'il y aura un buffet, et que le liquide sera soigné !
JEANNETTE. Un buffet !
TOUTES. Ça nous va !

CHŒUR.

Air des *Chercheuses d'or*.

Aux autorités bien vite
Allons fair' notre visite,
 Sans façons
 Embrassons
Tout cell's que nous trouv'rons.

(Les Dames de la halle sortent par le fond. Entrée de la Seine, en costume de naïade ; elle tient une rame en argent.)

SCENE IV.

LE PLAISIR, CABASSOL, LE PILIER-DES-HALLES, puis LA SEINE.

CABASSOL.* Elles vont embrasser les autorités !... Quel dommage que je n'en sois pas une !

LA SEINE, *entrant par la gauche*.**

Air : *Maman, les p'tits bateaux.*

Ah! ma pudeur gémit !
 Pauvre Seine,
 Quelle est ma peine !
Ah! ma pudeur gémit,
On met des maçons dans mon lit !
Hélas ! va-t-on rester
Sourd à ma voix plaintive ?
Puis-je, sans protester,
Me laisser insulter ?
C'est assez qu'en mon cours
Je trouve sur ma rive
Des pêcheurs qui, toujours,
Me content leurs amours !

REPRISE ENSEMBLE.

Ah! { ma / sa } pudeur gémit !
 Pauvre Seine,

* Cabassol, le Plaisir, le Pilier.
** Cabassol, la Seine, le Plaisir, le Pilier.

Quelle est {ma/sa} peine!

Ah! {ma/sa} pudeur gémit!

On met des maçons dans {mon/son} lit!

CABASSOL. Qu'avez-vous, madame la Seine? mettez-nous au courant... car je ne comprends pas bien.

LA SEINE. Vous ne comprenez pas... il me semble pourtant que je suis assez claire.

CABASSOL. Oh! claire... moi, je vous ai vue assez trouble.

LA SEINE. Il y a de quoi! avec tout le gâchis que l'on me fait!

LE PLAISIR. Permettez, ma chère Seine, il ne faut vous en prendre qu'à vous de ces travaux qui vous chagrinent... il a bien fallu imposer des digues à vos caprices... vous aviez des lubies, des tourbillons fort dangereux pour les marins et les canotiers!

AIR : *Rendez-moi mon écuelle de bois.*
Lorsque vous passez à Paris,
Où chacun vous contemple,
Vous devriez à ce pays
Donner le bon exemple,
Il y règne un courant fatal,
Faites-en la remarque,
Où déjà l'on n'a que trop de mal
A conduire sa barque!

(On entend des cris au dehors.)

CABASSOL, *remontant.* Quels sont ces cris?

LE PLAISIR *, *allant voir au fond.* C'est l'Hôtel-de-Ville, poursuivi par tous les locataires qu'il a fait exproprier. (*L'Hôtel de Ville entre par le fond, suivi d'une foule de locataires des deux sexes portant différents meubles : l'un une bassinoire, l'autre une batterie de cuisine, celui-ci un fauteuil, celui-là des objets de literie.*)

SCÈNE V.

LES MÊMES, L'HÔTEL-DE-VILLE, UN GROS MONSIEUR, LOCATAIRES.

(*L'Hôtel-de-Ville porte un costume représentant diverses époques. Il a la statue d'Henri IV sur l'estomac et un cadran sur son chapeau à cornes.*)

CHŒUR DES LOCATAIRES.*
AIR : *Ne craignez rien* (Quenouilles de verre).

Déplisseur,
Spoliateur,
Crains le juste courroux
Que fait naître chez nous
La brutalité de tes coups.

* La Seine, Cabassol, le Plaisir, le Pilier.
* La Seine, Cabassol, l'Hôtel-de-Ville, le gros Monsieur, le Plaisir, le Pilier.

Nous demandons,
Nous exigeons,
A l'unanimité,
Qu'il soit bien constaté
Qu'on nous doit une indemnité!

L'HÔTEL-DE-VILLE. Quel déluge de récriminations! vous n'avez qu'à vous adresser à la Rue-de-Rivoli.

LES LOCATAIRES, *effrayés.* La Rue-de-Rivoli!

LE GROS MONSIEUR. Beau recours! sa favorite, pour laquelle il fait des folies.

LA RUE-DE-RIVOLI, *au dehors.* Gare, que je passe!

(*Ici un mur à gauche s'écroule avec fracas.*)

L'HÔTEL-DE-VILLE, *à tous.* Saluez la Rue-de-Rivoli!

SCÈNE VI.

LES MÊMES, LA RUE-DE-RIVOLI; *elle tient une pioche en or; sa coiffure simule des arcades; son costume figure des pierres de taille; on y voit des fenêtres : au bas des arcades, sur le devant, on lit :* MINISTÈRE DES FINANCES.

LA RUE-DE-RIVOLI *.
AIR du *Fanfare trompette* (P. Henrion).
La pioche en main,
Moi, je jette par terre
Tout ce qui peut obstruer mon chemin...
Oui, sans jamais regarder en arrière,
Sans m'arrêter aux cris,
Je démolis!
Eh! pan!
Eh! v'lan!
Résolûment
De mon tracé je suis l'alignement!
Eh! pan!
Eh! v'lan!
A tout moment,
Je vais brisant,
Écrasant,
Déblayant!
Eh! pan!
Eh! v'lan!
Pas de ménagement!
Eh! pan!
Eh! v'lan!
Je marche de l'avant!
Pan, pan, pan, pan,
V'lan, v'lan, v'lan, v'lan, v'lan,
Mon genre est vraiment
Renversant!!!

Venez à ma suite,
Ouvriers nombreux...
Ma voix vous invite
Et j'entends vos vœux!

* La Seine, Cabassol, la Rue-de-Rivoli, le Plaisir, le Pilier, le gros Monsieur.

Vous qui du chômage
Vous épouvantiez,
Voilà de l'ouvrage...
Allons, travaillez !
    Travaillez ! (bis.)
  Mes amis, travaillez !

Pan, pan, pan, pan, à bas, tristes murailles !
Débarrassez le sol de vos débris !...
Pan, pan, pan, pan, à bas les antiquailles !
    Je démolis,
    Et rajeunis
      Paris !

    Eh ! pan ! Eh v'lan !
    Résolûment, etc.

CABASSOL. Quelle luronne ! (S'approchant d'elle.) Vous me plaisez, savez-vous ? ces yeux comme des portes cochères... ces sourcils en arcades, cette coiffure idem... cette riche taille... vous êtes bien bâtie... et je chanterais volontiers : (Fredonnant.)

« Avec vous sous le même toit... »

LA RUE-DE-RIVOLI. Ah ! tu n'es pas dégoûté !

CABASSOL. Par malheur, il paraît que, chez vous, les appartements sont d'un prix !...

LA RUE-DE-RIVOLI. J'ai bien le droit de faire la renchérie... quand on eut une victoire pour marraine !... Les rues comme moi ne se trouvent pas tous les jours sous les pavés !

LE GROS MONSIEUR. Fait-elle de l'embarras !... Si ce n'est pas une infamie !... parce qu'il plaît à Madame de traverser Paris, sans connaître d'obstacles, comme Guzman, il faut que nous déménagions, bon gré, mal gré.

LA RUE-DE-RIVOLI. Je ne vois que mon tracé ; d'ailleurs, c'est un service que je rends au bien-être général, à la santé publique, en faisant abattre un tas de vieilles baraques, de rues étroites, sombres, malsaines...

    Air du Grenier.

Par-dessus tout cet intérêt-là passe,
Et chacun doit approuver ses arrêts...
En bâtissant, d'abord l'air et l'espace,
Et puis, s'il peut, le luxe vient après.
Puisque le ciel, en sa bonté suprême,
Fit le jour pur et le rayon vermeil,
Afin que tous en jouissent de même,
Ah ! que le pauvre ait le droit au soleil ! (bis.)

LE PLAISIR, passant près de la Rue-de-Rivoli*. Ainsi que le droit à la vie à bon marché. (Il montre le bâtiment de la viande à la criée.)

    Air : Restez, restez, troupe jolie.

De cette mesure équitable,
L'humanité fait son profit.

* La Seine, Cabassol, la Rue-de-Rivoli, le Plaisir, l'Hôtel-de-Ville, le Pilier, le gros Monsieur.

Du pauvre quand chôme la table,
Je ne me sens plus d'appétit...
Le Plaisir n'a plus d'appétit...
Une amère douleur m'oppresse
En le voyant souffrir, hélas !
Ah ! pour secourir la détresse,
Mes amis, ne marchandons pas...
Non, pour secourir, etc.

LA RUE-DE-RIVOLI. Mais, je flâne ici... je flâne !... il est temps que je me remette en marche.

LE GROS MONSIEUR *, se mettant devant elle. Pas avant que nous soyons indemnisés !

LES LOCATAIRES. Non ! non !

LA RUE-DE-RIVOLI. Une cabale contre moi !.. Attendez, je vais vous apprendre à vivre ! (Elle brandit sa pioche.)

LE PILIER, LA SEINE, LES LOCATAIRES. Sauvons-nous ! (Le gros Monsieur et tous les locataires se sauvent en désordre par le fond. La Seine sort par la gauche, le Pilier-des-Halles par la droite.)

SCÈNE VII.

CABASSOL, LE PLAISIR, LA RUE-DE-RIVOLI, L'HÔTEL-DE-VILLE.

CABASSOL **. Quel sauve-qui-peut !

L'HÔTEL-DE-VILLE. Aimable Rue-de-Rivoli, l'Hôtel de Ville s'estimera heureux de vous conduire jusque chez lui... Acceptez ma main !

LA RUE-DE-RIVOLI. Une demande en mariage ?

L'HÔTEL-DE-VILLE. Union, je crois, bien assortie... Venez, nous allons prendre par là... tourner à droite... (Il montre le fond.)

LA RUE-DE-RIVOLI. Prendre des détours... fi donc !... (Elle donne un coup de pioche à un mur de droite, qui s'écroule à l'instant.) Eh ! allez donc ! (Elle sort par la brèche ; l'Hôtel-de-Ville la suit.)

SCÈNE VIII.

CABASSOL, LE PLAISIR, puis UN ARABE.

CABASSOL***. Est-ce que vous irez au bal de l'Hôtel-de-Ville ?

LE PLAISIR. Je ne sais.

    Air du Dieu des bonnes gens.

Bien rarement, ami, je me hasarde
Sous les lambris de ces riches palais...
Leur préférant la modeste mansarde,
C'est chez les gueux qu'en tapinois je vais.
D'un luxe vain ils ne sont pas avides ;
Sans me chercher, ils savent me saisir...
Mais, d'ordinaire, à ces fêtes splendides
Il manque le Plaisir ! (bis.)

* La Seine, Cabassol, la Rue de Rivoli, le gros Monsieur, le Plaisir, l'Hôtel-de-Ville, le Pilier.

** Cabassol, la Rue de Rivoli, l'Hôtel-de-Ville, le Plaisir.

*** Le Plaisir, Cabassol.

CABASSOL. Je me suis laissé dire que les théâtres étaient votre séjour favori.

LE PLAISIR. Ils font tout ce qu'ils peuvent pour m'attirer; mais ils n'y réussissent pas toujours.

CABASSOL. C'est cependant pour eux que je m'étais laissé prendre aux affiches de monsieur Hilarion.

LE PLAISIR, *riant*. Ah! les affiches! grand sujet de débats entre les directeurs et l'Autorité!... Tiens, veux-tu voir leurs dimensions légales?... (*Il fait un signe. — On voit paraître, sur le mur de la viande à la criée, des affiches conformes à l'ordonnance. — Musique.*)

CABASSOL. Voilà des proportions honnêtes et modérées.

LE PLAISIR. Oui, sans doute; mais patience, ça n'a pas duré longtemps... tu vas voir où elles en viennent quand on les laisse faire; regarde maintenant ces développements successifs : (*Les petites affiches disparaissent : d'autres énormes les remplacent. — Musique.*)

CABASSOL. Peste! celles-là sont d'une belle venue!...

LE PLAISIR. Sans compter les illustrations dont plusieurs sont ornées.

CABASSOL. C'est une manière de s'illustrer... (*examinant les affiches*) les *Variétés*, réouverture; la *Porte Saint-Martin*, réouverture; l'*Opéra National*, ouverture! — Avec tant d'ouvertures, si le public n'entre pas... (*lisant.*) Le *Vaudeville* aussi... réouverture! ah! oui, le *Vaudeville*, un théâtre à côté d'un changeur.

LE PLAISIR. S'il en profitait pour changer quelques-unes de ses pièces.

CABASSOL. J'ai entendu parler, entre autres, des *Robes Blanches*... un ouvrage très-folâtre... sur le croup... où l'on fait encore une ouverture... celle de la trachée-artère.

LE PLAISIR. Ah! quant à cette pièce-là, c'est de la haute chirurgie!

CABASSOL. Ne pourriez-vous cependant me montrer quelque spécimen de l'art dramatique français?

LE PLAISIR. Rien de plus facile! (*Il fait un signe et un Arabe vient en scène; il entre par la droite, premier plan, tient son fusil entre ses jambes et s'en sert comme d'un cheval; il fait le tour du théâtre en caracolant. — Musique à l'orchestre jusqu'à sa sortie.*)

CABASSOL. Un Arabe et son coursier!

LE PLAISIR. Il va t'exécuter une fantasia.

CABASSOL. Ah! très-bien!... (*L'Arabe fait encore le tour du théâtre et applique à Cabassol un coup de pied au derrière.*) Qu'est-ce que c'est que ça?

LE PLAISIR. C'est de la fantasia.

CABASSOL, *à l'Arabe*. Veux-tu bien t'en aller, triple gredin!... (*L'Arabe se sauve par la gauche.*) Ah!... c'est de la fantasia... je n'aime pas ça...

LE PLAISIR*. Si tu préfères la Chine?

CABASSOL. Me parlez-vous de l'opulente famille de Mandarins qui se fait voir, pour vingt sous, rue Neuve-Vivienne?...

LE PLAISIR. Je te parle de la Chine qui est venue ravir de sa musique raboteuse les dilettanti du boulevard Montmartre.

CABASSOL. Ah! Dieu! la musique chinoise!... je l'aime avec passion!... j'ai pu l'apprécier déjà dans le *Cheval de Bronze*, de M. Auber.

LE PLAISIR. Tu vas t'en régaler. (*Sur un signe du Plaisir, on voit arriver, du fond, une Chinoise portée sur un palanquin par quatre esclaves; deux autres Chinois l'accompagnent : tous portant des instruments de leur pays. — Musique d'entrée.*)

CABASSOL, *donnant la main à la Chinoise et l'aidant à descendre du palanquin*. Cette habitante du céleste Empire me transporte au septième ciel!...

SCÈNE IX.

LES MÊMES, UNE CHINOISE, DEUX CHINOIS, QUATRE ESCLAVES.

LA CHINOISE, *venue en scène*.**

Air de *M. Henry Potier.*

Je suis, foi de Chinoise,
Une fine matoise,
Et j'ai mon petit chic
Pour blaguer le public.
Dans sa stalle
On s'installe,
Afin de m'écouter...
Mais bientôt on détale,
Quand on m'entend chanter!

Oh! oh! oh! hi! hi! hi! hi! } *bis*
Combien mon chant était joli! } *en chœur.*

(*Parlé.*) J'aurais mieux fait de me taire, car on avait une fière confiance dans la chinoise... auparavant!

Suite de l'air.

On braquait sa lorgnette
Pour voir mon petit pied...
Et, pour lors, moi, pas bête,
J'n'en montrais qu'la moitié.
Paris a des yeux
Curieux!...
Et ma pudeur
Avait grand'peur!...
Les Français

* Cabassol, le Plaisir.
** Cabassol, la Chine, le Plaisir.

Sont mauvais sujets !
(Faisant jouer son éventail.)
Kin, chi pi pi, kin, kin, chi pi pi, kin, kin, a-pou,
Kin, chi pi pi, kin, kin, chi pipi, kin, kin, at-chou.
(Ce chant se termine par un éternûment.)

CABASSOL. Dieu vous bénisse !... belle Chinoise,... Si vous étiez assez bonne pour me donner un aperçu des mille et un talents dont vous êtes émaillée ?...

LA CHINOISE. Galant Européen, puisque cela peut te plaire...

CABASSOL. Commençons par la danse... ça me procurera l'occasion d'admirer vos invisibles petits petons...

CHINOISE. Vous voulez que je danse ?

CABASSOL. Oui, un pas indigène.

LA CHINOISE. Hélas!

AIR connu.

Je n'peux pas danser,
Ma pantoufle est trop étroite...
Je n'peux pas danser,
Sans craindre de me blesser.
On serra mes pieds
Autrefois dans une boîte ;
A présent je boite,
Et mes pieds
Sont estropiés !

ENSEMBLE.
LA CHINOISE.
Je n'peux pas danser, etc.

CHOEUR.
Ell' n' peut pas danser,
Sa pantoufle est trop étroite ;
Ell' n'peut pas danser,
Sans craindre de se blesser !

LE PLAISIR, montrant Cabassol La musique de votre pays est son rêve, son idéal...

CABASSOL. Oh ! oui !

LA CHINOISE. Va pour la musique ! (Elle prend une espèce de mandoline des mains d'un esclave et leur dit à tous :) Vous m'accompagnerez, mes grooms !

CABASSOL. Je tends mes deux oreilles et voudrais en posséder davantage.

LA CHINOISE*. (Elle pince la mandoline pendant que les esclaves, de leur côté, font une espèce de charivari avec leurs instruments : tam-tam, tambour, cymbales, etc.; les deux Chinois chantent un duo toujours sur la même note, puis le concert se termine par un ensemble général de voix et d'instruments.)

CABASSOL, se bouchant les oreilles. Assez ! assez ! grâce ! pitié ! cessez votre chant sur-le-champ !

* Cabassol, 1ᵉʳ Chinois, la Chinoise, 2ᵉ Chinois, le Plaisir.

LE PLAISIR, se bouchant aussi les oreilles. Ils me feraient fuir à cent lieues!

LA CHINOISE. Allons, c'est assez m'arrêter dans ce canton. (A ses esclaves.) Partons, magots. (Elle remonte sur son palanquin que les esclaves remettent sur leurs épaules.)

CABASSOL.
AIR : Clochette de la pagode.
Au revoir donc, ma divine !
LA CHINOISE.
Au revoir, monsieur Machin ;
Je vais rentrer dans ma Chine,
Et retrouver mon Pékin.
(La musique continue à l'orchestre.)

CABASSOL, s'approchant du palanquin. Si j'osais vous demander une petite provision de vos thés si exquis ?... Je mettrais un haut prix à vos bons thés.

LA CHINOISE. Je t'en souhaite! (Elle le salue.)

REPRISE. — ENSEMBLE.
LA CHINOISE.
Fière de mon origine,
Je remonte en palanquin ;
Et vais rentrer dans ma Chine
Auprès de mon beau Pékin !
LES CHINOIS.
Fière de son origine,
Ell' remonte en palanquin ;
Et va rentrer dans sa Chine,
Auprès de son beau Pékin.
CABASSOL et LE PLAISIR.
Adieu, ma toute divine,
Remontez en palanquin ;
Retournez dans votre Chine,
Auprès de votre Pékin.
(La Chinoise sort par la gauche, emportée sur son palanquin. — Ses esclaves la suivent.)

SCÈNE X.
LE PLAISIR, CABASSOL, puis UNE ESPAGNOLE.

LE PLAISIR*. Eh bien?

CABASSOL. En fait de chinois, j'aime mieux ceux que l'on sert sur le comptoir en argent massif de la mère Moreau.

LE PLAISIR. Tu n'es pas le seul.

CABASSOL. Ce que je voudrais maintenant, ce serait un véritable échantillon de l'art de Terpsichore sur nos théâtres nationaux.

LE PLAISIR. Qu'à cela ne tienne ! (Il fait un signe. — Entrée de l'Espagnole par la droite.)

CABASSOL**. Une Andalouse... pur sang!...

* Le Plaisir, Cabassol.
** Le Plaisir, l'Espagnole, Cabassol.

L'ESPAGNOLE, *se posant.*
Air : *Bagatelle n'est pas novice.* (Femme de ménage.)

Je suis une franche Espagnole !
Il n'est rien chez moi d'emprunté...
Par ma danse, dont on raffole.
A Paris, où je fais école,
Je veux voir Madrid transporté !
 Fringante fille
 De Castille,
Pour prendre mes ébats joyeux,
En l'air j'ai jeté ma mantille...
 A tous les yeux
 Ma grâce brille
Dans des pas décemment scabreux,
 Ceux
 Où je réussis le mieux !
Prado, Château-Rouge et Chaumière,
Jadis au premier rang classés,
En dépit de votre poussière,
 Désormais laissés
 En arrière,
Par moi vous êtes enfoncés !
Oui, vous voilà tous enfoncés !

CABASSOL. Ses beaux yeux me surexcitent ! (*A l'Espagnole.*) Mainte fois, en effet, j'ai ouï parler de votre souplesse, de vos cambrures, de vos séduisantes attitudes, ma toute gracieuse...

L'ESPAGNOLE. Rosa.

CABASSOL. Joli nom !... nom suave !...

LE PLAISIR. Et moi, señorita, moi, le Plaisir, j'ai assisté à toutes vos représentations.

L'ESPAGNOLE. *Rosa espère* avoir conquis vos suffrages.

LE PLAISIR, *à Cabassol.* Ah! si, comme moi, tu l'avais vue papillonner dans la redovados...

CABASSOL. La redovados !.. ce doit être... émoustillant...

L'ESPAGNOLE. Je veux bien vous mettre à même d'en juger... (*Elle danse un pas espagnol, en s'accompagnant avec des castagnettes; après la danse, la musique continue à l'orchestre.*)

CABASSOL. Oh ! je me sens fanatisé... espagnolisé !

L'ESPAGNOLE. Vous allez l'être encore mieux ! (*Elle entraîne Cabassol, qu'elle fait danser avec elle.*)

CABASSOL. Ouf ! pitié ! grâce ! merci !.. je n'ai plus de souffle... je n'ai plus de bras.. je n'ai plus de jambes !.. (*Cabassol trébuche ; l'Espagnole sort par la gauche en riant aux éclats de son désarroi.*)

LE PLAISIR,* *riant de même.* — Ah ! ah ! ah ! (*Se rapprochant de Cabassol.*) Eh ! bien, que t'en semble ?

_____
* Cabassol, le Plaisir.

CABASSOL. Je suis rendu... rompu... moulu... fourbu... à vous parler franchement, j'en ai assez de la chorégraphie... pour reposer mes jambes, je demande quelque chose de lyrique.

LE PLAISIR, *regardant au fond.* Tiens, l'Opéra-Comique nous arrive justement dans la personne du sieur Joseph ! un assez bon garçon... bien qu'un peu simple... comme il a soin de nous l'apprendre lui même. (*Joseph arrive par le fond, et descend lentement la scène sur la ritournelle de l'air suivant.*)

SCÈNE XI.

LES MÊMES, JOSEPH.

JOSEPH* *enveloppé d'un manteau rouge très-riche.*
Fragment de l'air connu.

Je suis simple comme au jeune âge...
 Timide comme mes agneaux..
  Je suis sage
  Comme une image,
 Je bêle comme mes...

LE PLAISIR, *à Joseph.* Assez... vous avez suffisamment prouvé votre simplicité dans votre aventure avec une certaine... dame Putiphar.

JOSEPH. Oui, cette lorette de la rue des Pyramides !.. faites-moi un plaisir... c'est de me tourner les talons et de me laisser seul ! j'ai besoin d'être seul, pour faire mon entrée.

LE PLAISIR. Moi, qui connais la pièce depuis plus de quarante ans, je vais lâcher de me distraire ailleurs. (*Il sort par la droite.*)

CABASSOL.** Mais, moi qui ne la connais pas...

JOSEPH, *à Cabassol.* Ah çà, vous en irez-vous, à la fin ?

CABASSOL, *à lui même, avisant le trou du souffleur.* Je vais me nicher là. (*Il y entre.*)

SCÈNE XII.

JOSEPH, CABASSOL, *dans le trou du souffleur*, *puis* MERCADET *et* UN PETIT LAQUAIS.

JOSEPH. Je suis seul... en avant mon grand air !

Air *d'introduction de Joseph.*
Vainement Phara......

CABASSOL, *sortant sa tête du trou.* Mond !..

JOSEPH. Hein ?..

CABASSOL. Mond..

JOSEPH. Mond... quoi ? Taisez-vous ! (*Il reprend.*)

Vainement Phara-on dans sa reconnaissance...
(*Parlé au public, en s'avançant jusqu'à la rampe.*)

_____
* Cabassol, Joseph, Le Plaisir.
** Cabassol, Joseph.

à propos de reconnaissance, il ne tiendrait qu'à moi de reconnaître mes frères dès la seconde scène, mais ça serait fini tout de suite, et il me faut mes trois actes (*reprenant*).

Vainement Pharaon, dans sa reconnaissance,
M'a fait un sort assez cossu !..
Il m'a nommé ministre.. et mon obéissance
Touche un bon traitement par douzièmes perçu !
Champs paternels, où l'on m'envoyait paître,
De flâner...

(*Il s'arrête en voyant Mercadet.*)

MERCADET,* *entrant par la droite.* — Il est suivi d'un petit laquais, *à part.* C'est lui, c'est le candide Joseph... attention, le pigeon est bon à plumer !

JOSEPH. Quel est ce particulier de bonne mine ?

MERCADET, *s'approchant de lui, le chapeau à la main.* Permettez, Monsieur, je crois m'apercevoir que ce manteau vous gêne. (*Il enlève le manteau de dessus les épaules de Joseph qui paraît alors en Jocrisse, sauf la bandelette à l'antique qui entoure ses cheveux bouclés.*) Hohé ! petit laquais ! mettez ce manteau en sûreté. (*Le laquais sort emportant le manteau.*)

JOSEPH.** Permettez à votre tour, Monsieur ?..

MERCADET, *s'inclinant*, Mercadet... dit LE FAISEUR... nom très-connu sur la place.

JOSEPH. Eh bien, monsieur Mercadet, il me semble que vous me chipez mon manteau... j'ai du guignon avec ce genre de vêtement.

AIR : *Femmes, voulez-vous éprouver ?*

Pour fuir madame Putiphar,
Qui faisait l'œil à ma jeunesse,
Sous ce manteau, comme un jobard,
J'étouffai sa vive tendresse !...
Depuis lors, j'ai vu s'effacer
Mes scrupules de Nicodème...
Et, si c'était à r'commencer,
Ça ne finirait pas de même ! (*bis*.)

MERCADET. Ce que j'en ai fait, monsieur, c'est dans votre intérêt...

JOSEPH. Mais ce superbe manteau brodé d'or m'a coûté dix mille francs !..

MERCADET. Plus cher qu'on ne vous acheta.

JOSEPH. Hélas ! je ne fus vendu que trois francs cinquante centimes.

MERCADET. Eh bien ! parole d'honneur, vous valiez mieux que ça.

JOSEPH. Trop honnête.

MERCADET. Apprenez que je suis à la tête

* Joseph, Mercadet.
** Mercadet, Joseph.

d'une compagnie d'assurance contre les voleurs...

JOSEPH. Ah ! vous m'en direz tant !

MERCADET. La compagnie se charge de prendre les objets à domicile... pour les garder...

JOSEPH. Pour les garder ?

MERCADET. Pour les conserver, si vous aimez mieux. Nous conservons tout, Monsieur... la société assure jusqu'à la conservation de ses actionnaires... moyennant une prime graduée selon l'âge.

JOSEPH. Et, à leur décès, vous remboursez les ayant droit ?

MERCADET. Rembourser... fi donc ! nous embaumons le souscripteur, et, par ce procédé, nous le conservons de plus belle... nous en faisons des momies... de superbes momies !

JOSEPH. Des momies ! en Égypte nous connaissons ça.. j'ai eu une tante...

MERCADET. Affaire magnifique, mon cher Monsieur, hâtez-vous d'y participer, faites acheter de nos actions à la *bourse*.

JOSEPH. La bourse ?..

MERCADET. La bourse, Monsieur, une vraie Californie... pour quiconque possède l'art de manipuler les fausses nouvelles, et d'exploiter la bêtise publique.

JOSEPH. Savez-vous, mon cher Monsieur Mercadet, que vous n'avez pas l'air d'un gaillard à scrupules ?

MERCADET. Les scrupules !.. je m'en fais des sous-pieds.

JOSEPH. Vous êtes même ce que je prendrai la liberté d'appeler une effrontée canaille !

MERCADET, *lui tendant la main.* Jeune homme, vous m'avez compris !

JOSEPH, *retirant la sienne.* Pardon, mais je n'ai pas de gants.

MERCADET. Enfant que vous êtes ! tenez, moi, par exemple, je viens d'acheter une charmante villa où je vivrai en patriarche, voyant lever l'aurore, greffant des rosiers, couronnant des rosières, cultivant des carottes... sans compter un des nouveaux prix Monthyon dramatiques pour lesquels je me propose de concourir.

JOSEPH, *indigné.* Ah !

MERCADET. Je n'ai fait que marcher avec mon époque.

AIR : *Rondeau du Jeune malade.*

Pour allumer une affaire,
Mon esprit intelligent
Se donne un mal,.. de galère,
Et sait gagner de l'argent !

Ma toilette est élégante,
Mon babil encourageant,
Mais, chez moi, l'âme est absente ;
Je ne vis que pour l'argent !

A tous les fripons ma table
Fait un accueil obligeant,
Et chacun me trouve aimable,
Quand j'étale mon argent !

Du créancier qui me presse
Si j'ai fait un indigent,
Je me ris de sa détresse
Et je garde son argent !

Le plus détestable drille
Dans tous les vices nageant,
Je lui donnerais ma fille
S'il avait beaucoup d'argent !

Le public fut en extase
Devant mon style engageant ;
A la salle du Gymnase
Il m'apporta son argent !

Les professeurs de morale
Fulminaient en me jugeant ;
Mais qu'importe le scandale,
S'il se résume en argent !

Pour moi tout est dans l'argent,....
Et j'ai fait beaucoup d'argent !

JOSEPH. C'est trop fort ! gueusard impudent,.... je suis moins indulgent..... et, malgré ton argent, je vais, par un agent, te faire flanquer dedans... incontinent.

MERCADET, *se mettant sur la défensive.* Toi, viens-y !

JOSEPH, *relevant ses manches.* Attends... attends !.....

SCÈNE XIII.

LES MÊMES, CABASSOL, *puis* LE PLAISIR.

CABASSOL, *sortant du trou du souffleur.* Bravo ! Joseph, bravissimo ! je vais vous prêter main forte !

MERCADET. Deux contre moi !

JOSEPH. Et plus, s'il le faut ! (*Fredonnant l'air connu de Pierre Dupont.*)

Je vais aller chercher mes frères !
Mes frères !
Mes frères !
Et bientôt tu seras occis !

CABASSOL, *se jetant sur Mercadet.* Je le tiens, le pendard !

JOSEPH. Ne le lâchez pas ! (*Saisi au collet par Cabassol et Joseph, Mercadet se débat et se sauve, mais son costume d'homme du monde restant aux mains de ses agresseurs, a été remplacé, au moment de sa fuite, par celui de Robert Macaire.*)

CABASSOL. Robert Macaire !

* Cabassol, Mercadet, Joseph.

LE PLAISIR, *survenant par le fond.* Voilà pourtant un des grands succès de l'année ! Pour remplir leurs coffres, à l'exemple de Mercadet, tu vas voir comme tous les théâtres se sont mis à battre la caisse. (*Le Plaisir fait un signe ; le bâtiment de la viande à la criée disparait tout à coup et laisse apercevoir, à la place qu'il occupait, une baraque de saltimbanque comme il s'en trouve dans les foires. Au-dessus de la baraque, un vaste tableau qui représente la scène principale du* Moustre à l'Ambigu *et un épisode de l'*Ours du Cirque *des boulevards ; à côté de la baraque des lampions allumés sur un if ; entre les deux tableaux, une immense affiche sur laquelle on lit :* Théâtre de la Gaîté : LA PAYSANNE PERVERTIE, *drame, superbe et très-moral. Sur le devant de la baraque, des tréteaux où se tiennent quelques Gilles et Paillasses ; ils battent la grosse caisse et sonnent de la trompette.*)

SCÈNE XIV.

CABASSOL, JOSEPH, LE PLAISIR, UN PAILLASSE, L'ESPAGNOLE, LA CHINOISE, MERCADET, L'ARABE, *tous les personnages de l'acte et une foule de gens de classes diverses.*

CHOEUR DE LA FOULE.

AIR : *du Lac des Fées.*

Ah ! les plaisants paillasses !
Et quel bruit ils font là !
A toutes leurs grimaces
Quel nigaud se prendra ?

LE PAILLASSE PRINCIPAL, *sur les tréteaux.* Mesdames et messieurs..... c'est pour avoir l'honneur de vous annoncer les représentations les plus éblouissantes, les plus flamboyantes et les plus mirobolantes !... Voulez-vous le *Monstre,* ce charmant monstre, qui a fait dans la salle une foule de passions ? Préférez-vous l'*Ours du Cirque,* ce fameux ours triomphe des bêtes ? ces exercices ont le droit de vous plaire !.. Entrez, messieurs et dames, c'est le moment ; c'est le vrai quart d'heure ! On ne paye qu'en entrant..... et si l'on n'est pas content, on ne reprend pas son argent en sortant... suivez le monde ! (*Musique très-bruyante accompagnée de grosse caisse et de cymbales ; tout le monde se précipite vers la baraque, le rideau tombe.*)

* Mercadet, Cabassol, le Plaisir, Joseph.

FIN DU PREMIER ACTE.

ACTE DEUXIÈME.

Troisième Tableau.

Le jardin destiné à la fête de l'industrie. — Arbres rares. — Fleurs exotiques, jets d'eau, statues. — Aspect pittoresque et varié. — A droite, au 3ᵐᵉ plan, un escalier de pierre se perdant dans la coulisse de droite : à gauche, au même plan, un fourré d'arbres occupant à peu près la moitié du théâtre.

SCÈNE PREMIÈRE.
CABASSOL, LE PLAISIR.

Au lever du rideau, le Plaisir est en scène et Cabassol sur l'escalier.

CABASSOL, *regardant autour de lui.* Oh! le charmant jardin! la ravissante oasis! (*Il descend en scène.*)

LE PLAISIR. N'est-il pas vrai?

CABASSOL. Ah çà! monsieur le Plaisir, auriez-vous eu l'aimable intention de m'introduire dans votre propre domaine?

LE PLAISIR. Pas tout à fait, nous sommes ici dans le riant séjour qu'une entreprise... trop entreprenante avait disposé pour y donner à l'industrie universelle un festival comme il n'y en eut jamais.

CABASSOL. Je m'en souviens... heureusement que, pour cette fête de l'industrie, on n'avait pas encore fait de grandes dépenses.. ce n'est pas comme pour celle du 4 mai... dite : *la fête des parapluies.*

LE PLAISIR, *riant.* Ah! oui!

AIR : *Qu'on est heureux d'épouser celle...*
Neptune, au pont de la Concorde,
Figurant, son trident en main ;
Mais sur la foule qui déborde,
L'averse vient tomber soudain...
Pendant douze heures, l'importune
De la fête fut le fléau...
    CABASSOL.
Présidée, hélas! par Neptune,
Elle devait tomber dans l'eau!

LE PLAISIR. Néanmoins, ce jardin a trouvé son emploi... c'est ici que doit se faire la remise des récompenses aux exposants étrangers du célèbre *palais de cristal*... un commissaire anglais est attendu pour présider cette cérémonie.

CABASSOL. Ce sera palpitant d'intérêt!

SCÈNE II.
LES MÊMES, PLUSIEURS INDUSTRIELS, puis TOQUÉ.

CHŒUR D'INDUSTRIELS, *entrant par la gauche.*

AIR : *de Fernand Cortez.*
Entrons dans ce palais,
Enfans de l'industrie ;

* Cabassol, le Plaisir.

Prenons-le pour patrie,
Et n'en sortons jamais.
    LE PLAISIR, *à Cabassol.*
Maint projet curieux
A brouillé leur cervelle
Qui, bien qu'industrielle,
N'a rien d'industrieux.
    REPRISE : *chant.*
Entrons dans ce palais, etc.

TOQUÉ, *qui entre par la gauche en bousculant les autres industriels pour passer.* Avoir refusé nos produits! indignité! (*A Cabassol.*) Figurez-vous, monsieur...

CABASSOL. Mais, monsieur, d'abord, à qui ai-je l'honneur?..

TOQUÉ. Je suis Toqué!..

CABASSOL. Vous êtes toqué? (*Au Plaisir.*) Puisqu'il en convient...

TOQUÉ. Toqué, c'est mon nom! inventeur méconnu, génie incompris, c'est mon état... soixante idées par heure, une idée par minute! c'est un piston à jet continu, ça part, ça jaillit... psst!.. psst!...

CABASSOL. Prenez donc garde avec vos psst! psst!.. (*Il s'essuie la figure.*)

TOQUÉ. Eh! bien, Monsieur, le croiriez-vous, on a eu l'infamie de fermer à toutes mes inventions les portes du *palais de cristal*! s'il n'y a pas de quoi casser les vitres!!

CABASSOL, *montrant les autres industriels.* Et ces messieurs?..

TOQUÉ. Sont aussi des victimes de la perfide Albion ; il nous faut absolument une exposition supplémentaire!

TOUS. Oui! oui!

TOQUÉ. Si vous connaissiez tous les merveilleux produits éclos de mon cerveau! (*Prenant les divers objets indiqués des mains de plusieurs industriels.*) Tenez, regardez-moi cette paire de petits souliers.

CABASSOL. En quoi ces escarpins...

TOQUÉ. Souliers en caoutchouc, souliers-tremplin, à l'usage des danseurs... muni de cette chaussure, vous passez à l'état de balle élastique, et mon invention est susceptible de plus d'une application.

AIR du *Vaudeville de Fanchon.*
Plus d'un grand politique,
Me donnant sa pratique,
De mes souliers doit se servir...
Presque toujours en luttes,
Ces Messieurs, sujets à faillir,
Ont besoin, dans leurs chutes,
De pouvoir rebondir!
(*Il remet chaque objet à mesure aux industriels.*)

* Le Plaisir, Toqué, Cabassol.

LE PLAISIR. Mais, en effet !

TOQUÉ. Examinez, je vous prie, ce réveille-matin, nouveau système... rien de plus simple !... un timbre et un marteau suffisent... A l'heure juste où l'on a affaire, on frappe soi même sur le timbre avec le marteau, jusqu'à ce qu'on soit bien sûr d'être réveillé.

CABASSOL. Et on a refusé cette merveille ?

TOQUÉ. Oui, monsieur !

LE PLAISIR. De votre part, monsieur Toqué, le coup de marteau n'a rien qui m'étonne.

TOQUÉ. Trop honnête !... Banquettes perfectionnées à l'usage des wagons de troisième classe sur les chemins de fer...

CABASSOL. C'est une planche avec des clous... la pointe en dehors !

TOQUÉ. Les compagnies remarquaient avec peine que, malgré les fenêtres infermables, les rhumes de cerveau, les catarrhes, et tous les autres inconvénients qu'elles engendraient, un grand nombre d'obstinés avaient encore la petitesse de prendre les wagons de troisième classe. Pour y mettre bon ordre, j'ai inventé la banquette à clous... J'empale les récalcitrants !

CABASSOL. Pour se distraire, ils pourront chanter en route :

   Ah ! que les plaisirs sont doux !
   Quand on a des clous...
   Plantés...

TOQUÉ, *lui présentant la planche*. Donnez-vous donc la peine de vous asseoir...

CABASSOL. Bien obligé !

TOQUÉ, *tirant de sa poche une petite fiole*. Je passe à mon élixir, élixir infaillible pour rendre les femmes fidèles.

LE PLAISIR. Le Plaisir ne veut pas le connaître.

TOQUÉ. Procédé miraculeux pour éteindre les incendies !... rien qu'en soufflant dessus... cette cruche de fer-blanc.. une bouffée de vapeur... pouf !... et c'est fait...

CABASSOL. Connu ! connu ! J'ai vu votre expérience au Champ-de-Mars. (*Fredonnant.*)

« Les pompiers sont toujours là ! »

TOQUÉ. Avez-vous une maison, monsieur ?.. prêtez-la-moi ; ayez soin de rester dedans, j'y mets le feu, et vous m'en direz des nouvelles.

CABASSOL. Merci !... on jouerait trop gros jeu, avec vous !...

LE PLAISIR. Franchement, mon cher monsieur Toqué, toutes vos inventions... (*On entend l'air du God save the queen.*)

TOQUÉ. Cet air nous annonce l'arrivée de lord Crackson, le commissaire britannique. (*Il remonte.*)

LE PLAISIR. C'est singulier l'effet que produit sur moi sa seule approche : Il vient du pays du spleen... je me sauve ! (*Il passe à droite.*)

CABASSOL*. Je voudrais bien cependant assister à cette solennité.

LE PLAISIR, *montrant la droite*. Soit, je vais te placer par ici, dans une tribune, viens vite.

AIR : *Marche du Chalet.*

  Avec l'Anglais qui s'avance,
  Le spleen m'atteindrait, oui-da !
  Et je trouve que la France
    En a
  Bien assez comm'ça !

REPRISE. — ENSEMBLE.

CABASSOL.

  Avec l'Anglais qui s'avance,
  Craignons le spleen, car déjà
  Moi, je trouve que la France
    En a
  Bien assez comm'ça !

LE PLAISIR.

  Avec l'Anglais qui s'avance, etc.

CHOEUR.

  Avec l'Anglais qui s'avance,
  Le spleen l'atteindrait, oui-da !
  Il estime que la France
    En a
  Bien assez comm' ça !

(*Le Plaisir et Cabassol sortent par la droite.*)

SCÈNE III.

TOQUÉ, LES INDUSTRIELS, *puis* LORD CRACKSON, DEUX DOMESTIQUES.

TOQUÉ, *aux autres industriels*. Il s'agit maintenant d'empaumer le Crackson. (*Lord Crackson entre par le fond, précédé de deux domestiques en livrée très-riche**.*)

CHOEUR D'INDUSTRIELS.

AIR : *de l'Ambassadrice.*

  Honneur ! honneur au noble étranger !
  A l'illustre messager,
  Qui veut bien, pour nous obliger,
  Sous nos toits venir loger !

LORD CRACKSON.

  Représentant de la Tamise,
  Je n'avé pas de l'orgueil ;
  Mais, jé déclare, avec franchise,
  Que je mérité cet accueil.
  Pour pratiquer le libre échange,
  Et voulant exercer mon goût,
  Ce qui se boit, ce qui se mange,
  Moi, je daigné accepter tout.

REPRISE.

Honneur ! honneur ! etc., etc.

TOUS, *criant*. Vive mylord.

* Toqué, Cabassol, le Plaisir.
* Toqué, Crackson.

LORD CRACKSON. Oh! assé crier! je été contente.

TOQUÉ. Oh! mylord! que de bonté! que d'affabilité

LORD CRACKSON. Yes, moâ, très-bon, très-affable, très... vôs comprenez!

TOQUÉ. Aussi, mylord, nous espérons que vous voudrez bien écouter nos réclamations.

LORD CRACKSON. Des réclaméchionnes! oh! no! je ne avé pas le temps de... réclaméchionnes...

AIR : *Je voulais bien* (Fra Diavolo).

Je voulé bien! (*bis*.)
Que, chez moi, l'univers apporte
Beaucoup d'argent de toute sorte,
Argent chrétien, turc ou païen.
Je voulé bien! (3 *fois*.)
Mais, contre moi, si l'on réclame,
De prêter l'oreille à ce blâme
Que je me donne le tracas..
Je voulé pas! je voulé pas! (2 *fois*.)
Non, non, non, je voulé pas!
Goddem! je voulé pas!...

TOQUÉ, *à part*. Affreux Englishman!... (*Haut*.) Cependant, noble lord, quand nous faisons tout ce qu'il est possible de faire pour vous être agréables... il me semble qu'un peu de réciprocité...

LORD CRACKSON. Je ne savé pas le... réciprocité... vos comprenez...

TOQUÉ. Mais, mylord, nos produits..... que vous avez refusé d'admettre...

LORD CRACKSON. Ah! vos produits, ils étaient très... Comment donc dites-vous, en français?... ils étaient très-bêtes! et vous ennuyez moâ beaucoup fort... vos comprenez...

TOQUÉ. Ah! c'en est trop! vilain rosbif! (*Il remonte* *.)

ENSEMBLE.

AIR : *Tu vois ici le plus beau des gendarmes*.

Stupide lord, nous bravons la sentence
Qui fit affront à notre intelligence!...
Gros animal,
Si déloyal!
Nous briserons ton *palais de cristal*!

LORD CRACKSON.

Vous avoir bien mérité le sentence
Qui fit affront à votre intelligence!
Moi, très-loyal,
Très-libéral.
Mais, bannir vos du *palais de cristal*!

(*Toqué et les industriels sortent par le fond, en menaçant lord Crackson.*)

* Crackson, Toqué.

SCÈNE IV.

LORD CRACKSON, LES DOMESTIQUES; *puis* L'ÉLECTRICITÉ.

LORD CRACKSON Oh! je en été débarrassé!... tant mieux... il ne me reste plus qu'à recevoir les instructions que je attendé de London par l'électricité... (*Ici une petite détonation se fait entendre, et l'électricité sort du piédestal d'une statue qui est au milieu, près du fourré d'arbres; ce personnage a des pierres brillantes dans les cheveux, des fils de fer, en façon de lacets, traversent son corsage; à ses bras, à ses jambes sont enroulés aussi des fils de fer.—Musique à l'orchestre.*)

L'ÉLECTRICITÉ*. L'Électricité, présente!..

AIR : *J'aime le tapage*.

Ici, moi, j'arrive, moi, j'arrive, moi, j'arrive,
Et présente à l'appel,
Je tombe du ciel!
On sait en tous lieux si mon humeur est leste et
Avec moi l'on n'attend   [vive....
Jamais un instant!

LORD CRACKSON. Ah! yès!... vous arrivez comme une bombe!

L'ÉLECTRICITÉ Comme une bombe! fi donc! me comparer à une tortue de cette espèce! cent mille lieues par seconde... voilà mon caractère!

AIR : *Bal de l'Opéra*. (Cabrion.)

L'électricité
A dégoté
L'éclair lui-même,
Bien qu'on ait vanté
Son éclatante agilité!
Jamais
Le progrès
N'eût osé rêver mon problème...
Farfadet subtil,
On peut dire que j'ai le fil!
Grâce à mon secours,
Tous les jours,
Aux deux hémisphères
Va parler soudain
Le *télégraphe sous-marin*...
De mes fins réseaux
J'ai rendu les eaux
Tributaires,
Et ma voix s'étend
De l'Orient
A l'Occident!...
Le son
Du canon
Autour de lui répand l'alarme
Devant son fracas,
Le commerce fuit à grands pas!
Discret
Et muet,

* L'Électricité, Crackson.

Moi, loin de coûter une larme,
Je fais tressaillir
Tout l'univers pour l'enrichir.
Puisse mon pouvoir
Avoir
La mission si belle
De pacifier
Par le bonheur le monde entier !
Oui, sur mon chemin,
Absorbant la moindre étincelle,
Je veux voir enfin
Les peuples se donner la main !
REPRISE.
L'électricité
A dégoté, etc. etc.

LORD CRACKSON. Vous avez électrisé moâ !.. permettez que je touché vos... (*Il veut lui prendre la taille.* — *Détonation.* — *Au même instant, il reçoit une violente secousse et recule de quatre pas presque renversé.*) Oh !...

L'ÉLECTRICITÉ. Ah ! gare à qui s'y frotte !..

LORD CRACKSON. Oh ! je avé reçu comme une très-grosse coup de poing... Vous avez des appas renversants !...

L'ÉLECTRICITÉ. Ah ! dame, avec mes piles, j'administre des pil-s... tu n'es pas le seul qui en ait fait l'épreuve... témoins ces malheureux poissons qui ont voulu, dans la Manche, badiner avec mon *fil sous-marin.*

LORD CRACKSON. Oh ! maintenant, je priai vos de convoquer ici les Quatre Parties du Monde qui avaient contribué à l'exposition iouniverselle... vos comprenez?

L'ÉLECTRICITÉ. Demande et réponse sont l'affaire d'un clin d'œil. (*Elle fait un signe.* — *Détonation.* — *Les Quatre Parties du Monde paraissent.* — *L'Asie entre par le premier plan, à gauche ; l'Amérique par le troisième plan ; l'Europe par le troisième plan à droite, et l'Afrique par le premier plan.*)

SCÈNE V.

LES MÊMES, L'EUROPE, L'ASIE, L'AFRIQUE, L'AMÉRIQUE.

(*L'Europe en Provençale, l'Asie en riche costume de l'Orient, l'Afrique avec colliers et bracelets de corail, l'Amérique, en allure sauvage, plumes sur la tête.*)

LES QUATRE PARTIES DU MONDE.
AIR : *Dans ces présents que de magnificence !*
(Zampa).
Salut à vous, que tout le monde admire,
Fille du ciel, chère Électricité !
Salut, mylord, vous dont le cœur désire
De nos produits honorer la beauté !

L'ÉLECTRICITÉ, *aux Quatre parties du Monde.* Allez, mesdames ; faites valoir vos droits. (*Elle passe à droite.* — *Les Quatre Parties du Monde viennent autour de lord Crackson. A part.*) Il a l'air de jouer aux quatre coins...

L'EUROPE.
AIR : *Je vais faire vot' toilette,* (la Bergère d'Ivry).
Ma puissance féconde
S'étend de toutes parts ;
C'est moi qui donne au monde
Les sciences, les arts!

LORD CRACKSON.
Je conné ta mérite.

L'EUROPE, *à part.*
Il me réserve un prix.

LORD CRAKSON, *à l'Afrique.*
A ton tour, mon petite,
Expliquez vos produits.

L'AFRIQUE, *passant près de Lord Crakson.***
Si ma figure est noire,
Moi, j'ai des dents d'ivoire,
Et sans m'en faire accroire,
Mes charmes sont nombreux !

ENSEMBLE et b.s.

LORD CRACKSON.
Ah ! j'en suis amoureux!

L'AFRIQUE, *à part.*
Il me fait les doux yeux !

TOUTES *à part.*
Il en est amoureux...
Il lui fait les doux yeux !

LORD CRACKSON, *parlé pendant la ritournelle.* Elles étaient toutes à croquer!

L'AMÉRIQUE.
J'ai les bois les plus rares,
Le coton, l'indigo,
Le sucre, les cigares,
Et de tout à gogo.

L'ASIE, *passant près de Crackson.****
Des étoffes soyeuses,
J'ai les plus doux tissus...
Des pierres précieuses,
Mes brillants attributs.

ENSEMBLE.

LORD CRACKSON, *à part.*
La fête qu'on me donne,
Elle était beaucoup bonne,
Tout me plaît, m'aiguillonne ;
Et ces aimables sœurs,
M'accablent de douceurs,
Pour briguer mes faveurs. (bis)

* L'Asie, l'Amérique, Crackson, l'Électricité, l'Europe, l'Afrique.

** L'Asie, l'Amérique, Crackson, l'Afrique, l'Europe, l'Électricité.

*** L'Amérique, l'Asie, Crackson, l'Afrique, l'Europe, l'Électricité.

LES 4 PARTIES DU MONDE, chacune de leur côté.
  Ah! l'espoir m'aiguillonne,
  A lui je m'abandonne...
  Oui; j'aurai la couronne;
  Mais, comme moi, mes sœurs
  Par leurs milles splendeurs,
  Méritent des honneurs!
  L'ÉLECTRICITÉ, à part.
  La fête qu'on lui donne
  Charme ici sa personne;
  Le plaisir l'aiguillonne,
  Et ces aimables sœurs,
  Prodiguant leurs douceurs,
  Lui rendent trop d'honneurs.   (bis)

L'ÉLECTRICITÉ, qui est revenue près de lord Crackson. Attendez que je prenne d'abord une *délibéréchionne*... (*Après un silence.*) La *délibéréchionne*, elle est fermée hermétiquement.

  AIR : *On dit que je suis sans malice.*
  Rien ne valé le Angleterre,
  C'est le maîtresse de la terre...
  Et je le trouve, Dieu merci,
  Le maîtresse des mers aussi!
  En conséquence je délivre
  A vos les médailles de cuivre...

  L'ÉLECTRICITÉ.
  Et que vous donnez-vous, mylord?
LORD CRACKSON. (*Parlé.*) Moâ?
  (*Suite de l'air.*)
  Je garde le médaille d'or!
  Pour moi seul le médaille d'or.

TOUTES. Quelle injustice! quelle indignité!

SCÈNE VI.

LES MÊMES, L'INDUSTRIE, QUATRE SUIVANTES.

(*Elle est vêtue à la manière antique. Derrière elle marchent quatre femmes, vêtues dans le même genre, et portant des instruments qui ont rapport à la mécanique, aux sciences et aux arts; elles viennent par l'escalier.*)

  CHŒUR.
  AIR : *De la Favorite.*
  Saluez la noble reine,
  Juste orgueil de ses sujets...
  Et dont la voix souveraine
  Rend d'équitables arrêts!

(*Musique à l'orchestre pendant toute la scène.*)
L'INDUSTRIE, *qui a entendu les derniers mots de lord Crakson.*
Bravo mylord, je vois que le vieux léopard,
Ici comme toujours, s'est fait sa large part!
LORD CRACKSON. Qui êtes-vous, milady?
  L'INDUSTRIE.
La fille du travail et de l'intelligence,

* L'Amérique, l'Asie, Crackson, l'Électricité, l'Afrique, l'Europe.
* L'Amérique, l'Asie, Crackson, l'industrie, l'Électricité, l'Afrique, l'Europe.

Le plus propice appui de l'honnête indigence,
L'Industriel
  LORD CRACKSON. Ah! vos été le Industrie!
  L'INDUSTRIE.
  Oui, mylord, sache, une autre fois,
  De la justice ainsi ne plus blesser les lois.
  LORD CRACKSON. Moâ?
  L'INDUSTRIE.
» Non que je veuille en rien contester l'inventaire
» Des talents dont s'honore à bon droit l'Angle-
                                              [terre,
» Mais, de la mécanique en t'adjugeant le prix,
» N'as tu pour l'étranger qu'un injuste mépris?
» D'exploiter avec art si le don te protége,
» Te crois-tu d'inventer le divin privilége?
» C'est sur les continents, que tu vas explorer,
» Que ton habileté finit par s'inspirer.
» Vaucanson sur tes bords reçut-il la lumière!
» Vis-tu naître Jacquard, Montgolfier ou Daguerre?
» Est-ce enfin sur ton sol que, domptant la vapeur,
» Un homme de génie en a fait un moteur?
» Va, crois-en mes conseils, évite une querelle,
» Où tu n'obtiendrais pas la partie assez belle.
» Cette médaille d'or que tu veux t'arroger,
» Entre tous les pays mieux vaut la partager! »
  TOUTES. A la bonne heure!
  LORD CRACKSON, *à l'Industrie.* Vous avez beau me parler avec des rimes...
  L'INDUSTRIE.
» Soit! conserve le prix que ton orgueil t'adjuge,
» Mais le monde te voit, et le monde te juge!...
  Aux quatre parties du monde.
» Vous, relevez la tête!... aux yeux du genre humain,
» Je vais de mon palais vous frayer le chemin,
» Venez, mes sœurs, venez... l'équitable Industrie
» De l'univers entier vous fait une patrie!...
  CHŒUR.
  Air précédent.
  Vive à jamais l'Industrie!
  Pour sa gloire, unissons-nous...
  C'est une mère chérie !
  De l'illustrer soyons jaloux.
(*L'Industrie sort par l'escalier, suivie de son cortège et des quatre Parties du monde. Durant cette sortie, le chœur se chante une deuxième fois.*)

SCÈNE VII.

LORD CRACKSON, L'ÉLECTRICITÉ.
  L'ÉLECTRICITÉ *. Eh bien, Mylord?
  LORD CRACKSON. Eh! bien, cette Industrie ne été qu'une grande industrielle!... Au surplus, je ne avé plous rien à faire ici, et je allé voir commencer la petite guerre du Champ de Mars.
  L'ÉLECTRICITÉ. Soit.
  LORD CRACKSON. Mais, auparavant, je voudrais beaucoup fort savoir des nouvelles du femme de moâ, de ce pauvre milady Crackson, que je avé laissée dans un si grand désespoir de mon départ.
  L'ÉLECTRICITÉ. Rien de plus simple... tu vas en avoir à l'instant même. (*Elle remonte.*)
  LORD CRACKSON. ** Je souis sour que

* Crakson, l'Électricité.
** L'Électricité, Crackson.

dans cette moment-ci, elle s'occupe d'écrire à moâ, bien amoureusement.

L'ÉLECTRICITÉ. Par ma toute-puissance, je vais la faire apparaître. (*Musique; elle fait un signe; détonation.*)

LORD CRACKSON. O bonheur ! (*Dans le fourré d'arbres qui est au fond, à gauche, un massif de feuillage s'entr'ouvre, et l'on voit, à travers une gaze, une femme en peignoir, assise.*)

LORD CRACKSON. Oh ! je le vois ! (*Le Plaisir arrive sur le haut de l'escalier, et étend sa baguette ; aussitôt un jeune homme paraît derrière la gaze et se jette aux pieds de lady Crackson; l'orchestre joue l'air du Carillon de Dunkerque.*) Oh ! shocking !.. que vois-je ?.. le petit cousin de milady !.. attends, drôle !.. attends, polisson ! (*Il veut s'élancer; l'Électricité étend vers lui sa baguette, et il demeure comme cloué à sa place; détonation; l'apparition s'évanouit, et le Plaisir disparaît en riant.*)

L'ÉLECTRICITÉ, *riant*. Infortuné Mylord !

LORD CRACKSON, *suppliant*. Électricité, mon bonne Électricité, par grâce, par pitié, vous emporter moi bien vite dans le Angleterre.

L'ÉLECTRICITÉ. Impossible, Mylord, vous êtes trop lourd ; vous casseriez mes fils.

LORD CRACKSON. Oune refus !.. oh ! c'est égal !..

AIR d'*Une nuit au château*.

La trahison est trop forte !..
Oh ! maudit petit cousin...
Pour qu'en ballon il m'emporte,
A moi monsieur Pot-de-Vin !
(*Il remonte.*)

L'ÉLECTRICITÉ, *à part*.*

Ah ! je ris de sa figure !
Du haut du ciel arrivant,
Milord, dans cette voiture,
Aura l'air d'un cerf-volant !

REPRISE. — ENSEMBLE.

L'ÉLECTRICITÉ.

La pilule est un peu forte,
Et bien long est le chemin...
Pour qu'en ballon il l'emporte,
Reste monsieur Poitevin !

LORD CRACKSON.

La trahison est trop forte, etc.

(*Lord Crackson sort par la gauche; l'Électricité le suit en riant.*)

SCÈNE VIII.

CABASSOL, LE PLAISIR. (*Cabassol et le Plaisir descendent par l'escalier.*)

LE PLAISIR, *riant*.** Ah ! ah ! c'et excellent Mylord ! comme je l'ai fait partir !

CABASSOL. C'était donc vous ?

LE PLAISIR. Est-ce que les petits cousins ne sont pas de mon ressort ?

* Crakson, l'Électricité.
** Le Plaisir, Cabassol.

CABASSOL, *regardant vers la gauche*.* Eh ! mais, quelle est donc cette jolie personne à laquelle notre John Bull adresse une nouvelle supplique ?

LE PLAISIR. C'est la Frégate-École, qu'on vient de lancer à Neuilly.

CABASSOL. Ah ! oui, comme qui dirait une frégate d'eau douce. (*La Frégate-École entre par la gauche.*)

SCÈNE IX.

LES MÊMES, LA FRÉGATE-ÉCOLE.

(*Elle a un petit chapeau et une veste de marin. — Sa jupe, où sont dessinés des canons, se termine par des bandelettes figurant des drapeaux de diverses nations.*)

LA FRÉGATE, *à la cantonade*.** Impossible de vous transporter, Mylord ; je suis condamnée au repos forcé !

LE PLAISIR et CABASSOL. C'est dommage !

LA FRÉGATE-ÉCOLE, *venant en scène*.*** Une sinécure à mon âge ! ah ! mes amis, qu'elle humiliation !

AIR : *Tout le long de la rivière*.

Mes pareilles, sur l'Océan,
Vont se balancer vaillamment ;
Mais moi je reste prisonnière !
Et, si mon allure est guerrière,
Malgré mes canons je ne peux
Jeter de la poudre qu'aux yeux !
A quoi bon, hélas ! me voir armée en guerre,
Pour sécher sur pied le long de la rivière..
Pour sécher sur pied dans la rivière !

CABASSOL. Quoi qu'il en soit, ma belle frégate, en vous voyant aussi jolie, je ne saurais m'empêcher d'être jaloux de l'heureux mortel qui vous a lancée..

LE PLAISIR. Tu n'es pas le seul !

LA FRÉGATE-ÉCOLE. Messieurs, de tels propos...

LE PLAISIR. Nous l'avons fait rougir...

LA FRÉGATE-ÉCOLE. Ce serait le cas d'être pourvue de voiles ; mais, comme je ne dois pas naviguer, on ne m'a donné que des cordages.

CABASSOL. Vous avez du moins la consolation de n'avoir pas de dangers à courir...

LA FRÉGATE-ÉCOLE. C'est ce qui vous trompe... en ma qualité de frégate-école, j'aurai beaucoup de jeunes gens à former... et vous n'ignorez pas combien la jeunesse est téméraire !

CABASSOL. A votre place, je me plaindrais... j'écrirais au gouvernement !

LA FRÉGATE-ÉCOLE. Écrire ! mais, je manque de tout... je n'ai pas même d'*ancre* !!..

LE PLAISIR. Parce que vous n'aurez jamais rien à redouter des tempêtes.

* Cabassol, le Plaisir.
** La Frégate, Cabassol, le Plaisir.
*** Cabassol, la Frégate, le Plaisir.

LA FRÉGATE-ÉCOLE. Je serais infiniment plus flattée de courir les chances de la mer... et des combats.

Air : *Ainsi qu'un vieux troupier.* (Mère Godichon.)
Au lieu de m'ennuyer
Et d'être casanière,
Oui, je voudrais briller
Dans ce noble métier !
Des hasards de la guerre
Oh ! je ne m'épouvante guère...
Née auprès de Paris,
J'en ai les belliqueux esprits,
Quand viendrait la bataille,
Affrontant la mitraille,
On me verrait de taille
A prouver ma valeur !
Toujours le cœur
Rempli d'ardeur,
A l'ennemi j'irais sans peur !...
Ah ! sur l'honneur,
J'aurais l'humeur
Guerrière !
La guerre
Est le métier
Où je voudrais briller !

Mais, hélas ! (*Changeant de ton et revenant au refrain de son air d'entrée.*)
Je dois demeurer le long de la rivière...
Tout le long, le long, le long de la rivière !
Tout le long, le long de la rivière !
(*Elle sort par la droite*).

SCENE X.
CABASSOL ; LE PLAISIR.

CABASSOL. * Cette frégate a manqué sa sa vocation...
LE PLAISIR. Elle se plaint d'être trop heureuse !... (*On voit tomber du cintre des plumes de canard. — L'orchestre joue l'air :* Les canards t'ont bien passé.)
CABASSOL. Qu'est-ce que c'est que ça ? Il pleut des plumes à présent...
LE PLAISIR. Des plumes de canard !
CABASSOL. De canard !
LE PLAISIR. Regarde passer, là-haut, dans les airs, Rosita l'Espagnole... un des plus beaux volatiles de cette espèce que l'année ait produits.
CABASSOL. Ah ! oui, *la femme volante !*... Mais attendez ; à la suite de la femme canard, j'aperçois deux autres oiseaux.
LE PLAISIR. Dignes d'aller de compagnie avec elle... Ce sont les deux hiboux qui auraient figuré contre douze rats dans le fameux tournoi du Jokey-club.
CABASSOL. Des rats, des hiboux, des canards !... encore ceux-là ne sont-ils pas les plus coriaces de l'année... Par exemple, certain procédé pour l'éclosion soudaine des fleurs...
LE PLAISIR. Un moment !... ceci n'est pas un canard... tu vas en juger par toi-même. (*Musique à l'orchestre. — Il étend sa ba-*

* Le Plaisir, Cabassol.

guette : *un petit buisson sort de terre au milieu du théâtre, et, derrière, on voit apparaître la Pensée, la Tulipe et la Rose, personnifiées par de jeunes et jolies femmes, ayant chacune une parure en harmonie avec son nom.*)

SCENE XI.
LES MÊMES, LA PENSÉE, LA TULIPE, LA ROSE.

Chœur des Fleurs.
Air : *Balançons-nous sous ce riant ombrage.*
(Les Amours de Psyché.)
Dieu du plaisir, vois notre obéissance ;
A ta voix, les fleurs
Soumettent leurs cœurs,
En attendant que de leur existence
Elles puissent goûter les douceurs.

LE PLAISIR. Eh bien ! qu'en dis-tu ?
CABASSOL. Qu'elles sont charmantes, ma foi, que rien n'égale leur fraîcheur, leur éclat, et que mon plus vif plaisir serait de toujours les admirer... (*Venant près des Fleurs.*) Oh ! je les vois !... je les respire !...
LE PLAISIR. * Laquelle préfères-tu ? (*Le buisson disparaît. — Les Fleurs descendent en scène.*)
CABASSOL. C'est embarrassant !
LA ROSE. ** Mais, non ; il te suffirait d'être juste.

Air : *Bouton de rose.*
Toujours la Rose
Passa pour la reine des fleurs...
Chacun le sait, à peine éclose,
Il se trouve mille amateurs
Pour une rose ! (*bis*)

CABASSOL. Ah ! je crois que la rose...
LA PENSÉE. *** Est-elle donc seule ici ?...

Air : *Jeune fille des champs* (Amours de Psyché).
Fleur du souvenir,
Moi, je suis la Pensée...
De la joie effacée
Parfumant l'avenir !...
Partout je fais bénir
Mon prestige suprême !...

LE PLAISIR.
Oh ! que l'aime ! je t'aime,
Fleur du doux souvenir !
Je t'aime ! Je t'aime...
O fleur du souvenir !   } (*bis*)

LA PENSÉE.
Dans un élan du cœur,
L'amitié, qui s'engage,
Choisit de mon image
Le symbole flatteur,
Mon consolant emblème
Flatté l'amour lui-même...
Et je sers de moitié
L'Amour et l'Amitié !
Oui, je sers de moitié
L'Amour et l'Amitié !

* Le Plaisir, la Rose, la Pensée, la Tulipe, Cabassol.
** Le Plaisir, Cabassol, la Rose, la Pensée, la Tulipe.
*** Le Plaisir, la Rose, Cabassol, la Pensée, la Tulipe.

LE PLAISIR.
Fleur du doux souvenir,
Sois toujours ma pensée!
LA PENSÉE.
Dans la joie effacée,
Tu sais me retenir...
Oui, tu viens rajeunir
La fleur trop tôt passée!
Oh! je t'aime, je t'aime,
Joli dieu du plaisir!
Je t'aime, je t'aime, } bis.
Joli dieu du plaisir!

LA TULIPE, *allant à Cabassol.** Oublierais-tu la Tulipe?

LE PLAISIR, *à Cabassol.* Elle a bien aussi son charme.

CABASSOL. Je suis loin d'en disconvenir.

LA TULIPE. Seulement, moi, mon brave homme, c'est un genre à part; je ne suis pas sentimentale comme mesdemoiselles mes sœurs!

CABASSOL. Ah! oui-dà?

LE PLAISIR. Cette fleur passe même, entre nous, pour être très-orageuse.

LA TULIPE. Et je m'en fais gloire!

CABASSOL. Si je ne me trompe, j'ai vu danser un pas qui portait votre nom.

LA TULIPE. LA TULIPE ORAGEUSE! danse de caractère... très-répandue dans la meilleure société, et dont voici le prospectus. (*Elle danse en chantant.*)

Air connu.
En avant,
Joyeuse tulipe!
Selon mon principe,
En avant!
CHOEUR.
En avant,
Gaîment,
En avant,
Rond'ment,
En avant! (3 *fois.*)
En avant,
Joyeuse Tulipe,
Près d'nous s'émancipe...
En avant
La Tulipe!

LA TULIPE, *cessant un moment de danser.*
De ma danse aventureuse
J'ai donné bien des leçons...
Car la Tulipe orageuse
Ne connaît pas les façons!
(*Elle se remet à danser; Cabassol se mêle à son pas.*)
REPRISE. — ENSEMBLE.
LA TULIPE.
En avant,
Joyeuse Tulipe, etc.
LE PLAISIR, CABASSOL et LES FLEURS.
En avant,
Joyeuse Tulipe,
Selon ton principe,
En avant!
En avant!
Gaîment,

* La Rose, Cabassol, la Pensée, le Plaisir, la Tulipe.

En avant,
Rond'ment,
En avant! (3 *fois.*)
En avant,
Joyeuse Tulipe,
Selon ton principe,
En avant!
(*La danse cesse.*)

CABASSOL, *examinant les fleurs.* Si je pouvais les choisir toutes les trois!...

UNE VOIX, *au dehors.* Orgeat, limonade!... qui veut de la bière?...

CABASSOL. Qu'est-ce que j'entends là?

LE PLAISIR, *revenant près de Cabassol*.* C'est le Café-Concert qui arrive, et qui voudrait bien m'accaparer un peu...

CABASSOL. L'attendrez-vous?

LE PLAISIR. Non pas! je me sauve, et j'emmène les fleurs...

CABASSOL. Où donc?

LE PLAISIR. Au bal!

LES FLEURS, *heureuses, et entourant le Plaisir.* Au bal!

LE PLAISIR**. Les fleurs et le plaisir s'y trouvent toujours ensemble...

Air de Royale polka.
Belles fleurs, le dieu du plaisir,
Peut vous servir
Et vous offrir
Son ministère...
Car à Paris
Sont mes amis,
Mes favoris,
Et j'en fais un vrai paradis!

Dans les bals vous suivez mes pas,
Mais n'allez pas
Fleurir, hélas!
Près de Cythère!...
Chacune de vous, tour à tour,
Aux feux d'amour,
Pourrait se faner sans retour!
REPRISE. — ENSEMBLE.
LE PLAISIR.
Belles fleurs, le dieu du plaisir
Peut, etc.
LES FLEURS.
A Paris, le dieu du plaisir
Va nous servir
Et nous offrir
Son ministère...
En ce pays,
Sont ses amis,
Ses favoris,
Faisons en notre paradis!
CABASSOL, *aux Fleurs.*
A Paris, le dieu du plaisir
Va nous servir
Et vous offrir
Son ministère;
En ce pays
Sont ses amis,
Ses favoris,
Vous en ferez un paradis!
(*Sortie du Plaisir et des Fleurs par la gauche.*)

* La Rose, Cabassol, le Plaisir, la Pensée, la Tulipe.
** Cabassol, la Rose, le Plaisir, la Pensée, la Tulipe.

SCÈNE XII.

CABASSOL, puis LE CAFÉ-CONCERT.

CABASSOL, *regardant s'éloigner les Fleurs.* Parties, hélas! (*Le Café-Concert entre en scène par le fond; il est coiffé d'une cafetière; son gilet est semé de caractères de musique; autour de ses reins la serviette du garçon de café. Il tient un violon sur lequel on lit :* Renouvelez.) Oh! la singulière frimousse!

LE CAFÉ-CONCERT. *

Air : *Larifla.*

Dans le café-concert,
Chacun va, de concert,
Goûter l'café qu'on sert
Dans le café-concert!

Larifla, fla-fla, etc., etc.

CABASSOL. Ah! c'est vous qui êtes le Café-Concert?

LE CAFÉ-CONCERT. Oui, monsieur, pour vous servir.

CABASSOL. Pour me servir... quoi?... du café ou de la musique!...

LE CAFÉ-CONCERT. L'un et l'autre...

CABASSOL. Merci, bien obligé! votre café n'est pas assez bon.

LE CAFÉ-CONCERT. Notez que j'ai ma musique pour le faire avaler.

CABASSOL. Et, pour faire avaler votre musique?

LE CAFÉ-CONCERT. On se rattrape sur la bière...

CABASSOL. Que vous vendez à un prix trop élevé... (*Appuyant.*) mon très-cher!... aussi, chez vous, le public se plaint-il d'être toujours échaudé...

LE CAFÉ-CONCERT. Dans les Champs-Élysées, il s'amuse comme un bienheureux!

Air : *Tout ça passe.*

Lorsque règne la chaleur,
J'ai des clients innombrables,
Qui se font un vrai bonheur
De s'installer à mes tables!
Des produits de ma boutique
Je régale mes chalands...
Bref, café, bière et musique,
Tout ça passe (*ter*) en même temps (*bis.*)

Et, pour compléter le régal, je donnerai, à l'instar du *Café-de-France* un superbe roman de quatre sous aux intrépides consommateurs qui feront, chez moi, le simple déboursé de cinquante centimes.

CABASSOL. Ah! très-bien!... on vous demande une glace... et vous servez un roman!

LE CAFÉ-CONCERT. Chacun gagne sa vie comme il peut.

CABASSOL. Je ne fais pas le procès à votre industrie limonado-lyrique; et je n'aurais rien à y voir si vous y mettiez un peu plus de discrétion...

Air : *Ces postillons.*

Vous vous teniez autrefois à distance

* Cabassol, le Café-Concert.

Dans vos jardins... et voilà désormais
Qu'en vrai sournois vous faites concurrence
A maint théâtre accablé par ses frais.

LE CAFÉ-CONCERT, *riant.*

Les directeurs sont comme des croquets.

CABASSOL.

Aux boulevards, portant vos chansonnettes
En faux acteur, on vous voit attifé,
Et je trouve ça, tout café que vous êtes,
Par trop fort de café!
C'est trop fort de café!

LE CAFÉ-CONCERT. Le Café-Concert ne se pique pas de rester dans une juste mesure.

CABASSOL. C'est ce que tout le monde remarque.

LE CAFÉ-CONCERT. Laissez faire... avec le temps, nous finirons par tailler des croupières à l'Opéra lui-même...

CABASSOL, *indigné.* Oh ça! c'est faux!

LE CAFÉ-CONCERT. C'est justement pour ça... On voit bien que vous n'avez pas assisté souvent à mes représentations.

CABASSOL. Ne pourriez-vous m'en donner une?...

LE CAFÉ-CONCERT. C'est facile. (*Il passe à gauche *.*)

Air d'*Hérold.*

Contre moi, je le sais, le théâtre clabaude..
Sur mes tréteaux, entre deux airs,
Parfois, en vendant mon eau chaude,
Je roucoule du Pré-aux-Clercs!
O ma tendre amie,
Ne songeant qu'à toi...

(*Il passe à droite.*)

(*Parlé.*) Orgeat, limonade, qui veut de la bière?

Reprenant l'air.

Mon âme ravie
T'a gardé sa foi!

(*Parlé.*) On ne circule pas, messieurs; asseyez-vous!

Reprenant l'air.

Malgré le vain délire
Des plaisirs de la cour,
Tes yeux vont-ils me dire :
J'ai gardé mon amour!

(*Il passe à gauche **.*)

(*Parlé.*) Renouvelez, messieurs, renouvelez!...

*Reprenant l'air ***.*

O ma tendre amie,
Je vais te revoir.

(*Parlé.*) Il faut consommer, messieurs et mesdames!... si vous étiez ici sans consommer, l'établissement boirait un bouillon!!

Achevant l'air.

J'ai souffert la vie
Dans ce doux espoir!

CABASSOL. Allons, allons, Café-Concert, mon ami, vous ferez bien d'être plus modeste.

* Le Café, Cabassol.
** Cabassol, le Café.
*** Le Café, Cabassol.

LE CAFÉ-CONCERT. Sur ce, je retourne..
CABASSOL. Où donc?
LE CAFÉ CONCERT.
Air d'entrée.
Dans le café-concert,
Où l'on va, de concert,
Goûter l'café qu'on sert,
Dans le café-concert !
ENSEMBLE.
Larifla, etc., etc.

(Il sort par le fond.)

SCÈNE XIII.
CABASSOL, LA MÈRE BRISE-MICHE.

LA MÈRE BRISE-MICHE, *en dehors*. Ah! mon bon Dieu !
CABASSOL. Quels gémissements !
LA MÈRE BRISE-MICHE, *entrant par la droite*. Ah! seigneur ! mon Dieu ! oùs qu'elle est? oùs qu'elle est?
CABASSOL. Quel air effaré !
LA MÈRE BRISE-MICHE. Seigneur, mon Dieu, oùs qu'elle est?
CABASSOL. Qui ça, ma brave femme?
LA MÈRE BRISE-MICHE. Turelure, monsieur.
CABASSOL. Turelure ! Qu'est-ce que c'est que ça ?
LA MÈRE BRISE-MICHE. Eh bien, ma fille, quoi !
CABASSOL. Et vous venez la chercher céans ?
LA MÈRE BRISE-MICHE. C'est ben ici qu'est le palais des Industries, pas vrai?
CABASSOL. C'est une de ses succursales.
LA MÈRE BRISE-MICHE. Alors ma fille n'doit pas être loin, vu qu'elle s'a en-auvée de d'chez moi avec un chevalier d'industrie.
CABASSOL. Mademoiselle Turelure aurait...
LA MÈRE BRISE-MICHE. Hélas ! mon bon monsieur, elle s'est *émancipée*... au point qu'elle vient de se faire *bloomériste*, avec bottes et pantalons.
CABASSOL. Comment ! votre fille s'est culottée ?
LA MÈRE BRISE-MICHE. Oui, monsieur, ma fi le qu'a une voix charmante et qui vocanise comme une *pruna dona*.. au point que ses jeunes compagnes se sont *cau*érisées pour lui avoir un accordéon. Ah ! monsieur, telle que vous me voyez, je n'ai jamais *évu* qu'une inclination dans ma vie ! c'est la loterie... mais, hélas ! ils l'ont supprimée, les pendards de scélérats... et, ça au moment oùsque j'allais faire une brillante fortune.
CABASSOL. Ah ! vous alliez !.. vous alliez !..
LA MÈRE BRISE-MICHE. Oui, Monsieur, des numéros superlatifs, qui me venaient d'un songe d'amour avec des émotions palpitantes !
CABASSOL. Et ce songe ?

* Cabassol, la mère Brise-Miche.

LA MÈRE BRISE-MICHE. Emaginez-vous... je revoyais tous les ceux qui, dans les temps, m'avaient fait un doigt de cour... et y en avait ! y en avait ! ah ! monsieur, y en avait-y ! une vrai fourmilière, quoi ! j'm'ai dit : j'vas les numéroter, et les coucher...
CABASSOL. Les coucher ?
LA MÈRE BRISE-MICHE. De d'dessus ma liste, Monsieur !.. pour lors c'était donc pour le prochain tirage... j'étais sûre de gaguer ! j' l'avais lu dans mon marc de café-chicorée. ainsi !... patatra ! n, i, ni,... finie, abolie, démolie... la loterie !.. ah ! Monsieur, j'ai t'y pleuré !.. j'ai t'y versé des larmes !.. forcée de r'tirer l' cordon et d'poser des sangsues !.. heureusement, v'là de bonnes âmes qu'ont évu l'esprit de la rétablir en *catimini*, à l'occas on de la Canichefornie !...
CABASSOL Cali !..
LA MÈRE BRISE-MICHE. Moi, j' dit : caniche ; après ça, caniche ou canif. (*Cabassol remontant.*) ça n' vous r'garde pas ! Pour lors, faut pas demander si j'ai pris un billet... j'ai mis ensemble l'âge de mon mari et celui d'mon chat... 62 et 3, donc 623... c'est celui-là qu'est le bon... j'ai consulté une *essomnambule* de dix francs, par *prudence* ! elle m'a dit que j'avais mis juste le poingt de d'ssus ; ainsi !.. oh ! qué bonheur !!

AIR : *A bas les maris.*

Queu joli magot (*bis*.)
Que l'gros lot
Du lingot !
Qu'u joli magot !. (*bis*.)
Oui, bientôt,
Cher petiot,
Tu seras mon lot ! (*bis.*)
J'vas m' flanquer un' drôl' de parure,
Avec des bag' s à tous les doigts..
J'aurai des valets, un' voiture...
Et j'éclabouss'rai mes bourgeois !

(*Parlé*), et allez donc ! j'vas faire *l'inquisition* d'une voiture à quatre cheval... ousqu'y faut vous conduire comme ça, que m'demandera mon *grooum*?.. au veau qui tette, mon fiston, que j' réponds... et, allez donc, fouet c cocher !

REPRISE.

Queu joli magot (*bis*), etc., etc.

SCÈNE XIV.
LES MÊMES, UN CRIEUR PUBLIC, HOMMES ET FEMMES DU PEUPLE.

(*Le crieur entre par la gauche, tenant en main des papiers. — Les hommes et les femmes du peuple arrivent de tous les côtés.*)

LE CRIEUR.** V'là ce qui vient de paraître ! c'est la véritable liste des numéros gagnants de la loterie des lingots d'or !

* La mère Brise-Miche, Cabassol.
** La mère Brise-Miche, le Crieur, Cabassol.

TOUS. La liste ! la liste !
LE CRIEUR. Ça ne coûte que deux sous !
TOUS. Donne ! donne !.. (*Ils achètent la liste.*)

CHOEUR. — ENSEMBLE.
AIR : *Mon rocher de Saint-Malo.*

Ah ! dans cette liste
Que d'espoir existe !
Nous allons connaître, enfin,
L'arrêt du destin !! } 2 *fois.*

CABASSOL.
Ah ! dans cette liste
Que d'espoir existe !
Mais ils maudiront soudain
L'arrêt du destin.

(*La musique continue à l'orchestre ; la mère Brise-Miche arrache une liste des mains du Crieur.*)

LE CRIEUR. Et mes deux sous, la vieille ?
LA MÈRE BRISE-MICHE. Tiens, aboyeux, les v'là, tes deux sous ! (*Cherchant ses lunettes.*) j'Oùsque sont mes lunettes ? ah ! les v'là !.. (*Elle les met.*) Ça doit y être, pour sûr, ça doit y être ! (*Elle parcourt sa liste.*)
LE CRIEUR, *continuant son chemin.* V'là qui vient de paraître !.. c'est la véritable liste... (*Il sort par la droite et sa voix se perd dans le fond.*)
CABASSOL, *à part, pendant que tous les personnages en scène comparent leurs billets avec les numéros de la liste.* Ils se croient tous rentiers ! pauvres fous !
LA MÈRE BRISE-MICHE, *chiffonnant la liste avec colère.* Flouée !.. je suis flouée !..
LES AUTRES, *de même.* Rien ! rien !..
CABASSOL. Quand je vous le disais !
LA MÈRE BRISE-MICHE. Pas même un méchant lot de cinquante mille francs !.. Ah ! c'est une abomination ! (*Elle sort par la gauche.*)

CHOEUR.
Air précédent.

Ah ! dans cette liste
Que d' malheur existe !
Oui, nous maudissons enfin
L'arrêt du destin !

SCÈNE XV.

LES MÊMES, LE PLAISIR, LA TOMBOLA, LE TRAVAIL, TOUS LES PERSONNAGES DE L'ACTE ; PUIS UN RÉGISSEUR.

(*La Tombola est vêtue d'une robe blanche brodé en or.—Le Travail est habillé en ouvrier. — Ils entrent par le fond.—Tous se rangent et saluent. — Les autres personnages se groupent de différents côtés.*)

LA TOMBOLA, *à tout le monde.* Croyez-moi, mes amis, ne renouvelez pas cette épreuve.

AIR : *Valse de Giselle.*

La loterie amène la souffrance...
Ne comptez plus sur cette chance-là ;
Mais moi je suis sœur de la bienfaisance,
Et l'on bénit partout la Tombola.
A mon bazar, des dames patronesses
Viennent offrir les plus riches présents,
Et, par mes mains, leurs touchantes largesses
Rendent la vie à bien des indigents.

LE TRAVAIL.

Moi, le Travail, je tiens avec courage
Le pur drapeau, gloire de l'atelier,
Et sais parler noblement le langage
Qui plaît au cœur de l'honnête ouvrier !

Le pain gagné porte en lui sa morale ;
A ma fierté l'indépendance plaît...
Oui le travail, pierre philosophale,
De faire l'or connaît seul le secret ! !

LE PLAISIR.

Quand la fortune était par vous maudite,
C'est un bonheur qui vous arrive là...
Soyez heureux de la double visite
Et du Travail et de la Tombola.

ENSEMBLE.
LA TOMBOLA, LE TRAVAIL *et* LE PLAISIR.
Quand la fortune était par vous maudite, etc.

CABASSOL.
Quand la fortune était par eux maudite,
C'est un bonheur qui leur arrive là ;
Qu'ils soient heureux de la double visite
Et du Travail et de la Tombola.

TOUS LES AUTRES.
Quand la fortune était par nous maudite,
C'est un bonheur qui nous arrive là ;
Soyons heureux de la double visite
Et du Travail et de la Tombola.

LE PLAISIR. Soyez la bien venue, ma chère Tombola ; ne sommes-nous pas frère et sœur ?
LA TOMBOLA. Moi, je ne fais pas appel aux passions cupides... je ne promets pas de l'or.. mes lots, ce sont mille ouvrages délicats, élégants, mille gracieuses bagatelles qui, dans nos salons, occupent de jolis doigts... ce sont mille œuvres de goût et de fantaisie, dont la vente profite à l'artiste, à l'artisan, à l'ouvrier.. au travail enfin, sous des formes si diverses.. et, ce n'est pas tout.

AIR *du bon Curé* (de Bérat).

Oui, par ma main, la charité
S'en va quêtant pour la misère...
Et, chez les riches de la terre,
Je vois mon passage fêté.
Je ne crains pas d'être importune
Par un appel trop répété,
Quand, pour secourir l'infortune,
Je me fais sœur de charité !

L'INDUSTRIE. Qui pourrait vous refuser son offrande ? n'êtes-vous pas la fondatrice des crèches !.. douce et pieuse institution !..
LA TOMBOLA. Où, souvent, je vais visiter mes petits protégés.

AIR : *O mon Enfant, idole de mon âme !*

Pauvres enfants, vous ignorez encore
De vingt partis les funestes erreurs...
Plus d'un bon ange assiste votre aurore...
Et vos berceaux reposent sur des fleurs !
Vous souriez à la douce espérance,
Chacun vous aime... et, pour vous, tout est beau !
Ah ! puissiez-vous n'avoir, un jour, en France,
Qu'un même cœur et qu'un même drapeau ! !

TOUS, *avec élan.*
Ah! puissions-nous n'avoir, un jour, en France,
Qu'un même cœur et qu'un même drapeau!!

LE PLAISIR. Je m'en trouverais beaucoup mieux.

LA TOMBOLA. Qui veut de mes billets, messieurs?..... pour *les crèches!*

TOUS. Tous! tous!

CHOEUR GÉNÉRAL.
Air *du Pré-aux-Clercs.*
Des billets!
Des billets!
Nous voulons des billets!
A nous tous ces billets
Destinés aux bienfaits.
Des billets!
Des billets!
Nous voulons des billets,
Ils sont destinés aux bienfaits.

SCENE XVI.
LES MÊMES, LA MÈRE BRISE-MICHE.

LA MÈRE BRISE-MICHE, *paraissant dans une seconde loge.* Minute, mes bijoux, gardez-moi-z'en des billets...

CABASSOL. Encore vous, la vieille! (*Voyant le régisseur qui vient d'entrer.*) Ah! le régisseur!... c'est lui qui va vous répondre, ma bonne femme.

LA MÈRE BRISE-MICHE. Le régisseur! tant mieux!... ça me va! tiens, il est gentil!.. vive le régisseur!

LE RÉGISSEUR, *s'avançant.* Qu'y a-t-il pour votre service, madame?

LA MÈRE BRISE-MICHE. Il y a qu'il ne peut pas y avoir une loterie quelqueconque ou autre, sans que la mère Brise-Miche en soye.

LE RÉGISSEUR. Vous n'êtes donc pas entrée par le contrôle, ma brave dame?

LA MÈRE BRISE-MICHE. Si fait, mon loulou!

LE RÉGISSEUR. Alors, vous avez dû recevoir un petit billet portant un numéro?..

LA MÈRE BRISE-MICHE. *Un niméro!..* tiens! moi qui n'y pensais plus! (*Elle le prend dans son cabas.*)

LE RÉGISSEUR. Eh bien, ma brave femme, ce billet va participer, séance tenante, au tirage qui sera fait par madame la Tombo'a... et, après la pièce, les lots seront déposés au contrôle, où les gagnants pourront les réclamer.

LA MÈRE BRISE-MICHE. Bah! un tirage pour de vrai! allons donc!.. des gausses!.. Je connais les gens de théâtre... c'est tous des z'hâbleurs!..

LE RÉGISSEUR. Si vous doutez, ma chère dame, vous pouvez venir vous-même examiner les lots.

LA MÈRE BRISE-MICHE. J' veux bien!.. ah! sapredié! j' veux bien! (*Au public.*) J' vas aller voir les acteurs de près... tant pis si mon mari y trouve à redire... ça y apprendra à me négliger! (*Elle sort de la loge; on apporte en scène une roue de loterie, et une table sur laquelle sont les lots.*)

LE RÉGISSEUR, *au public.* Madame la Tombola va procéder au tirage. (*Le Travail tourne la roue, et la Tombola tire les numéros.*)

LA TOMBOLA. Numéro...
LE PLAISIR. Une paire de flambeaux.
LA TOMBOLA. Numéro...
LE PLAISIR. Une papeterie.

LA MÈRE BRISE-MICHE, *arrivant sur le théâtre et se trouvant à gauche, à côté de Toqué.* Ne m' prenez donc pas la taille, vous, galopin!

TOQUÉ. Moi, par exemple!

LA MÈRE BRISE-MICHE. Oui!.. vous!.. ils sont d'un décolleté!..

LA TOMBOLA. Numéro.....
LE PLAISIR. Un presse-papier en bronze...
LA TOMBOLA. Numéro.
LE PLAISIR. Une paire de vases.
LA TOMBOLA. Numéro..
LE PLAISIR. Une loge au théâtre des Variétés.
LA TOMBOLA. Numéro...

LA MÈRE BRISE-MICHE, *jetant un cri en regardant son billet.* Ah!.. (*Elle se laisse tomber à terre: Toqué l'aide à se relever, et la soutient.*)

LE PLAISIR. Un épagneul! (*On remet à la mère Brise-Miche un chien empaillé; elle le rejette, en faisant la grimace.*)

CHOEUR, *pendant que l'on emporte la table et la roue.*
Des billets! des billets! etc.

LE PLAISIR, *au public.*
Air *du Puits d'Amour.*
Si, par un bienheureux prestige,
Ce soir le plaisir eut sa part...

LA TOMBOLA, *de même.*
Montrez, la charité l'exige,
Pour nos défauts un peu d'égard;

LE PLAISIR.
Nous pourrons alors, ce me semble,
Espérer en votre bonté:

LA TOMBOLA.
N'aime-t-on pas à voir ensemble
Le Plaisir et la Charité?

ENSEMBLE GÉNÉRAL.
Toujours on aime à voir ensemble
Le Plaisir et la Charité!

REPRISE DU CHOEUR.
Des billets! des billets! etc.

(NOTA. — S'adresser, pour la musique, à M. le chef d'orchestre du Théâtre des Variétés.

FIN DU DEUXIÈME ET DERNIER ACTE.

Paris. — Typ. de Mme Ve Dondey-Dupré, rue Saint-Louis, 46, au Marais.

Riche et pauvre, drame 5 actes.	Servante du curé (la).	Trois épiciers (les), vaud. 3 act.	Vautrin, dr. 5 a. par Balzac.
Rita l'Espagnole, dr. 5 actes.	Stella, drame en 5 actes.	Traite des noirs (la), dr. 5 actes.	Vendredi (le), vaud. 1 acte.
Roméo et Juliette, 5 actes, par F. Soulié.	Sans nom, fol.-vaud. 1 acte.	Tremblement de terre de la Martinique (le), dr. 5 act.	Vénitienne (la), dr. en 5 actes.
	Sept Châteaux du diable (les).		Voisin (la), dr. 5 actes.
Rubans d'Yvonne (les), c. 1 act.	Sœur du Muletier (la), dr. 5 a.	Tirelire (la), vaudeville, 1 acte.	Vouloir c'est pouvoir, c.-v. 2 a.
Ralph le bandit, mélod. 5 actes.	Sept enfants de Lara (les). 5 a.	Thomas Maurevert, drame, 3 a.	Une nuit au Louvre, drame 3 a.
Révolution Française (la), 4 act.	Sonnette de nuit (la), en un acte.	Tailleur de la Cité (le), dr. 5 ac.	Veille de Wagram.
Rigobert ou fais-moi bien rire.	Stéphen, dr. 5 actes.	Tyran d'une femme, v. 1 acte.	Voyage en Espagne, vaud. 1 acte.
Ramoneur (le), dr.-vaud. 2 actes.	Sous une porte cochère, v. 1 act.	Urbain Grandier, par A. Dumas.	Zanetta ou jouer avec &c
Salpêtrière (la), dr. 5 actes.	Simplette, vaud. 1 acte.	Un grand Criminel, dr. 3 actes	
Sac à malices (le), féer. en 3 act.	Tache de sang (la) dr. 3 act.	Vicomte de Girolé (le), 1 acte.	

RÉCENTES PUBLICATIONS:

CLAUDIE, drame en 3 actes, par GEORGES SAND	1 50
FRANÇOIS LE CHAMPI, comédie en 3 actes, en prose, par Mme GEORGES SAND	1 50
LE JOUEUR DE FLUTE, comédie en un acte, par M. E. Augier	1 50
LA JEUNESSE DES MOUSQUETAIRES, drame 5 actes, par MM. Alex. Dumas et Maquet	1 »
PAILLASSE, drame en 5 actes, de MM. Dennery et Marc Fournier	» 60
JENNY L'OUVRIÈRE, drame en 5 actes, de MM. Decourcelle et J. Barbier	» 60
LA FILLE DU RÉGIMENT, opéra comique en 2 actes, de MM. Bayard et de Saint-Georges	» 60
URBAIN GRANDIER, drame en 5 actes par M. Alex. Dumas et Auguste Maquet	» 50
BONAPARTE, ou les 1res Pages d'une grande Histoire, pièce milit. en 20 tabl. de M. F. Labrousse.	» 50
LES FRÈRES CORSES, 5 actes, tiré du roman d'Alex. Dumas par MM. Grangé et Montépin.	» 50
LE PETIT TONDU, drame militaire en trois actes, par M. F. Labrousse	» 50
LA CHASSE AU CHASTRE, fantaisie en 3 actes et 8 tableaux, par M. Alex. Dumas	» 50
HENRI LE LION, drame en 5 actes, par MM. St-Ernest et Filliot	» 50
PAULINE, drame en 5 actes, tiré du roman de M. Al. Dumas, par MM. Grangé et Montépin.	» 50
L'ARMÉE DE SAMBRE-ET-MEUSE, 4 actes et 19 tableaux, par F. Labrousse et Frédéric	» 50
I Y A PLUS D'UN ANE A LA FOIRE... Vaud. en 1 acte, par MM. Paul de Kock et de Guiches.	» 50
LA FEMME DE MÉNAGE, vaudeville en 1 acte, par M. Michel Delaporte.	» 50
LA BARRIÈRE CLICHY, drame militaire en 5 actes et 14 tableaux, par Alex. Dumas	» 0
VALÉRIA, drame en cinq actes et en vers, par MM. Auguste Maquet et Jules Lacroix.	»
LE DIABLE, drame en cinq actes, par MM. Delacour et Lambert Thiboust	» 60
LE PLANTON DE LA MARQUISE, com.-vaud. en un acte, par M. Ward et Henri Vannoy.	» 50
LÉA, comédie en trois actes et en vers, par M. Lefeuve	» 60
UNE FEMME PAR INTÉRIM, vaudeville en un acte, par MM. E. Hugot et E. Lehmann	» 50
ENTRE DEUX CORNUCHET, comédie-vaudeville en un acte, de MM. Paul de Kock et Boyer	» 50
MEUBLÉ ET NON MEUBLÉ, vaudeville en un acte, de MM. Dupeuty et E. Grangé	» 50
LES TROIS VOISINS, LES TROIS VOISINES, comédie-vaudeville en un acte, par M. Dubois.	» 50
LE MONDE VOLANT, vaudeville en un acte, par M. Ch. Paul de Kock	» 50
CONTRE FORTUNE BON COEUR, comédie-vaudeville en un acte, de M. J. de Wailly	» 50
LA GOTON DE BÉRANGER, vaud. en 5 a. dont un prologue, par Mrs Cormon, Grangé et Duterte	» 60
MERCADET, comédie en 3 actes, par H. de Balzac	1 50
LES QUENOUILLES DE VERRE, féerie-vaud. en 3 actes et 8 tab., par M. Michel Delaporte.	» 60
LA FILLE DE FRÉTILLON, vaudeville en un acte, par MM. Deadé et Choler	» 50
LA PAYSANNE PERVERTIE, drame en 5 actes, de MM. Dumanoir et d'Ennery	» 60
LA CIRCASSIENNE, com. mêlée de chant en un acte, par MM. de Saint-Hilaire et E. Bordier.	» 50
LA COURSE AU PLAISIR, revue de 1851, de M. Delaporte, T. Muret et Gaston de Montheau.	» 50

NOUVELLES PUBLICATIONS.

BIBLIOTHÈQUE DE VILLE ET DE CAMPAGNE.

Dessins de F. BARRIAS et BELIN, gravés par DEGHOUY.

ROMANS MODERNES ILLUSTRÉS A VINGT CENT. LE VOLUME.

Une lacune regrettable existait dans les publications de romans illustrés à 20 centimes le volume ; parmi les noms que le public recherche avec empressement, quelques-uns ne figurent pas dans ces collections, d'autres n'y paraissent que très-incomplétement. Nous sommes heureux de pouvoir annoncer que nous allons combler cette lacune en publiant successivement dans notre BIBLIOTHÈQUE DE VILLE ET DE CAMPAGNE les œuvres de FRÉDÉRIC SOULIÉ, les derniers romans de PAUL DE KOCK, les CRIMES CÉLÈBRES d'ALEXANDRE DUMAS, les œuvres choisies de MARCO DE SAINT-HILAIRE et quantité d'autres ouvrages.

Les noms des auteurs que nous annonçons, les soins particuliers que nous donnons à la correction du texte, au tirage des gravures et à la fabrication entière des ouvrages dont l'impression est confiée à la maison Dondey-Dupré, nous font espérer que notre nouvelle publication aura autant de succès que les autres, profitant aujourd'hui de toutes les améliorations apportées dans ces publications depuis leur origine.

OUVRAGES COMPLETS EN VENTE.

La Jolie Fille du Faubourg, par PAUL DE KOCK, 24 vignettes........... 1 fr. 10 c.
Les Mémoires du Diable, par FRÉDÉRIC SOULIÉ, 66 vignettes........... 3   15
Le Lion amoureux, par FRÉDÉRIC SOULIÉ, 9 vignettes................. »   50
Le Comte de Toulouse, par FRÉDÉRIC SOULIÉ, 25 vignettes............ 1   40

LES CRIMES CÉLÈBRES, par ALEXANDRE DUMAS, illustrés de vignettes.

La Marquise de Brinvilliers, la Comtesse de Saint-Géran, Murat, Karl Sand, les Cenci. »   90
Marie Stuart, par ALEXANDRE DUMAS, 14 vignettes.................... »   70
Les Borgia, la Marquise de Ganges, par ALEXANDRE DUMAS, 21 bois gravés. »   90
Les Massacres du Midi, Urbain Grandier............................. 1   10
Jeanne de Naples, Vaninka.. »   70
L'Amoureux transi, par PAUL DE KOCK............................... 1   10

EN COURS DE PUBLICATION PAR LIVRAISONS.

LES PRISONS DE L'EUROPE.....	ALBOIZE ET A. MAQUET.	SATHANIEL................	FRÉDÉRIC SOULIÉ.
VOYAGE AUTOUR DU MONDE...	JACQUES ARAGO.	LE VICOMTE DE BÉZIERS...	FRÉDÉRIC SOULIÉ.
DIANE DE CHIVRY...........	FRÉDÉRIC SOULIÉ.	LA VEUVE DE LA GRANDE ARMÉE.	É. MARCO DE ST-HILAIRE.
LES CRIMES CÉLÈBRES.......	ALEXANDRE DUMAS.	LES DEUX CADAVRES........	FRÉDÉRIC SOULIÉ.
MÉMOIRES D'UN PAGE DE L'EMPIRE........................	É. MARCO DE ST-HILAIRE.		

Il paraît une ou deux livraisons par semaine, à la Librairie théâtrale, boulevard Saint-Martin, 12.

Paris. — Imprimerie de Mme Ve DONDEY-DUPRÉ, rue Saint-Louis, 46, au Marais.

www.ingramcontent.com/pod-product-compliance
Lightning Source LLC
Chambersburg PA
CBHW060628050426
42451CB00012B/2477